AF405278

LA ECUACIÓN
Milagrosa

CAMILO CARDOZO

LA ECUACIÓN
Milagrosa

Título original: LA ECUACIÓN MILAGROSA
Ascended Master Method®
Autor: Camilo Cardozo

Edición y corrección de estilo:
Andrés Fernando Castaño - Liceth Arango Olivar
Ilustración, diseño de carátula y diagramación:
www.hacheholguin.com

Impresión y distribución: Autores Editores SAS
www.AutoresEditores.com
Diagonal 36 bis #20 - 70 Bogotá, Colombia
Impreso en Colombia - *Printed in Colombia*

Registro Nacional en Derechos de Autor
www.derechodeautor.gov.co
ISBN: 978-958-49-1739-3

ASCENDED MASTER METHOD® es una marca registrada internacionalmente. Los seminarios y sesiones de la modalidad energética ASCENDED MASTER METHOD®, están disponibles exclusivamente a través de los practicantes e instructores certificados. Únicamente un practicante o instructor certificado por ASCENDED MASTER METHOD®, puede practicar este método energético. Solo aquellas prácticas de sanación energética desarrolladas y aprobadas por Camilo Cardozo pueden llamarse ASCENDED MASTER METHOD®.

www.ascendedmastermethod.com

ÍNDICE

Capítulo 3

Creyéndole a Dios | 163

Capítulo 4

Con autoridad y oración de fe | 207

DEDICATORIA

Dedico este libro a todos los hombres y mujeres
hacedores de milagros,
seres de luz, que han descubierto que
hay vida antes de la muerte.

Para todos ellos mi respeto y admiración

AGRADECIMIENTOS

Toda mi gratitud y amor para todos los grandes maestros, que he encontrado en mi camino espiritual, ya que, desde lo sencillo de la vida, me han enseñado el valor de lo eterno y verdadero.

A todos los seres extraordinarios que conforman el equipo de ASCENDED MASTER METHOD®, gracias por hacer parte de esta familia del alma que está llenando de amor incondicional el Universo.

Agradezco al Creador del Universo, por los grandes milagros que me ha permitido experimentar todos los días. Gracias porque me siento amado por ti mi Dios y soy feliz, con la certeza de la FE, que TÚ estás siempre conmigo y nunca me abandonas.

Por eso digo como, Teresa de Ávila:

Nada te turbe,
Nada te espante,
Todo se pasa,
Dios no se muda,

La paciencia
Todo lo alcanza;
Quien a Dios tiene
Nada le falta:
Sólo Dios basta.

Eleva el pensamiento,
al cielo sube,
por nada te acongojes,
Nada te turbe.

¿Ves la gloria del mundo?
Es gloria vana;
nada tiene de estable,
Todo se pasa.

Aspira a lo celeste,
que siempre dura;
fiel y rico en promesas,
Dios no se muda.

Introducción

> *"La Fe mueve montañas"*
> **JESÚS**

En estos tiempos hablar de curaciones milagrosas, realizadas únicamente por la oración de fe, puede parecer para muchos algo del pasado o que podemos encontrar solamente en los libros de mitos y leyendas.

Para todos aquellos incrédulos, solo tengo una palabra: **PROBADLO**

La oración de FE lo puede todo y lo consigue todo. Dios no tiene necesidad de engañar a nadie, por el contrario, nos brinda la oportunidad de invocar con fe su nombre para recibir su energía sanadora y así crear milagros extraordinarios, para maravilla de muchos.

Por mi propia experiencia, sé que vivimos una época asombrosa, donde el Creador del Universo, regala a todos por la fe y la oración los dones espirituales, sin discriminación de religión, creencia, moralidad o raza. Sólo basta pedirlos con fe, para que la grandeza y el poder de Dios, actúen a través de cada uno de nosotros, canales de energía y vibración amorosa.

Cuando escuché hablar por primera vez de los milagros y los dones espirituales, fue en la iglesia a la que asistía de niño. Recuerdo que el predicador decía que estos dones eran concedidos sólo a las personas morales y santas, dado que no era posible para personas corrientes. Para la mayoría de personas del planeta de todas las religiones, los dones espirituales y los milagros resultan un misterio o algo que corresponde sólo a la imaginación.

Sin embargo, por mi propia experiencia de fe, he podido ver personas que vienen a mis seminarios de entrenamiento de ASCENDED MASTER METHOD®, sin ningún testimonio de fe y al finalizar los cursos, se sorprenden de la gran cantidad de milagros, que pueden hacer invocando el poder y la energía divina.

Suceden grandes curaciones de enfermedades terminales, personas que abandonan las drogas y el alcohol, en general, todos los que tienen este toque del amor divino se ven invadidos de la ternura del Creador, por tanto, su vida nunca será igual.

En la actualidad, estamos viviendo una época caracterizada por una nueva conciencia plena de espiritualidad, fe y milagros. El Creador del Universo está acelerando las cosas, derramando con mayor poder los dones de profecía, palabra de conocimiento, visión espiritual, don de lenguas, milagros, liberación y sanación.

Tengo la certeza de que el Creador de todo lo que es, ha hecho las promesas más extraordinarias a los que crean en Él y declaren con Fe. YO creo que la promesa de Dios, se hace realidad a través de todos nosotros, los que le creemos.

Todo el Universo está necesitado de amor y de experimentar una nueva vibración; máxime, cuando la esperanza de un mundo mejor se diluye en el transcurrir de las banalidades que ofrece nuestro mundo. Este libro se escribe para que muchos crean que Dios es capaz de hacer que lo imposible sea posible, por medio de la oración de fe.

Este libro es un poderoso testimonio vivo de los milagros sucedidos, en distintos países a lo largo y ancho del planeta, en diferentes contextos y situaciones. Sólo espero que estos testimonios alienten a muchos, para que se atrevan a canalizar la energía divina y así crear una nueva realidad.

A través de todo este camino espiritual, he podido descubrir que la Fe, es lo realmente importante para que sucedan cosas extraordinarias y no la moralidad o la santidad, como me decía en la iglesia el predicador, cuando yo era niño. Así que nadie debe sentirse indigno de invocar la energía divina para orar por sanación, liberación y por milagros.

LA ECUACIÓN MILAGROSA, nos enseña que las oraciones y los signos externos poseen una virtud oculta, que se obtiene mediante decretos y mandatos de fe. Todas las oraciones tienen efecto cuando se realizan con fe, estableciéndose en ese momento una poderosa corriente de energía sanadora que obra curando al enfermo.

De ningún modo pretendo que mis lectores suplan la asistencia al médico, sino que siendo tratados por los médicos de sus dolencias, acompañen como complemento el proceso de sanación con oración de fe y terapia complementaria.

Recuerda que todo es posible si crees, y el maestro Jesús, nos lo dice: "Curad las enfermedades, resucitad a los muertos, purificad a los leprosos, expulsad a los demonios en mi nombre..." "Y les dijo Jesús a sus discípulos: Yo veía a Satanás caer del cielo como un rayo. Mira, os he dado autoridad para hollar sobre serpientes y escorpiones y sobre todo el poder del enemigo, y nada os hará daño. Sin embargo, no os regocijéis en esto; de que los espíritus se os sometan, sino regocijaos de que vuestros nombres están escritos en los cielos…" "Y estas señales seguirán a los que creyeren: En mi nombre echarán fuera demonios, hablarán nuevas lenguas; Tomarán serpientes en las manos y, si bebieren cosa mortífera, no les dañará; sobre los enfermos impondrán sus manos, y sanarán…"

Esta es una promesa verdadera para ti y para todos aquellos que simplemente creamos mediante la fe, que todo es posible.

Tengo la certeza, que este libro te cambiará la vida, activará tu fe, te dará un nuevo impulso vital y te llevará a niveles superiores de fe, donde podrás hacer que los milagros simplemente sucedan.

Por tanto, si quieres activar los dones espirituales en tu vida, te invito para que te entrenes en nuestros seminarios ASCENDED MASTER METHOD®, en donde aprenderás a orar de modo poderoso con oración de fe, que mueve montañas y sobre todo pasarás de creer en Dios, a creerle a Dios.

Desde mi vasta experiencia espiritual en distintos países del planeta, realizando eventos multitudinarios de sanación y liberación, he descubierto un gran secreto, que está escondido para muchos, y que sólo se puede descubrir al tener una intensa relación con el Creador del Universo. Recuerdo este hecho que marcó mi vida; me encontraba en oración de meditación, cuando de repente entré en éxtasis espiritual, siendo llevado por Dios en una visión a un lugar muy hermoso donde olía a flores frescas, y había mucha luz, en ese momento, sentí y vi delante de mí la presencia divina, ante la cual me arrodillé y levanté mis brazos. En ese momento el Creador del Universo me dijo de modo amoroso, si oras y tienes fe, conseguirás lo que deseas, sólo pedid y se os dará...

Terminada la visión, sentí mi cuerpo lleno de gozo, mi alma sentía una profunda paz, porque sabía que Dios, respaldaba poderosamente mis oraciones.

De este encuentro místico con el Creador, surgió el nombre de este libro sobre testimonios de curaciones.

Te preguntarás, ¿Cuál es la ecuación milagrosa?

La ecuación que me fue mostrada mientras experimentaba el éxtasis espiritual fue: **ORACIÓN + FE: MILAGROS**

Esta es la fórmula que puede cambiar tu vida, si te atreves a creerle a Dios.

Mi querido lector, disfruta este libro porque cada testimonio está impregnado de amor divino y sé que será para ti una inyección de fe, que hará retomar tu camino espiritual con más intensidad y sencillez.

UNA NUEVA REALIDAD

1.
LA INTERRUPCIÓN
DEL CREADOR

Era verano y fin de semana en la ciudad de Londres, la gente iba y venía cruzando las principales calles de La City. El aire gris del Támesis mudó en tibieza, el cielo azul con algunas nubes, invitaba a salir. Una banda de jazz tocaba en Trafalgar Square. En una pequeña capilla de los tiempos del rey Jorge II, recibía a los enfermos peregrinos que llegaban con la esperanza de poner fin a su sufrimiento. Una mujer joven que no pasaba quizá de los veinte años, se movía penosamente ayudada con un par de muletas. A pesar de las dificultades de su condición, su rostro resplandecía de vitalidad y de alegría. Siempre que entro en contacto con personas enfermas, movido por el espíritu divino, el pesimismo y la negatividad nunca las he contemplado como alternativas posibles ante la adversidad, porque yo le creo a Dios, y sé que Él es fiel.

—Nuestro Padre Celestial te otorgará el don de sanidad; tienes que recibir su Espíritu para que pueda obrar en ti —les digo siempre a los enfermos.

Quien con sus ojos lea este texto, también podrá encontrar la paz abriéndose ante los testimonios. ¡Vosotros seréis los testimonios del porvenir!

Crucé palabra con la joven de las muletas, en su cara llevaba el signo de la tristeza, la indagué por su sentimiento, que me resultaba evidente.

—En este día hay una promesa de amor divino para ti —le dije—, y serás sana, para el asombro de muchos.

—Así lo creo también —respondió.

La fe es esencial, sin ella la vida no tiene un fundamento real y verdadero. Podría compararse con un sendero que nos lleva a un lugar lleno de paz y tranquilidad, con arroyos y frondosos árboles cargados de frutos jugosos, al que sólo tendrán acceso quienes lo conocen, es decir, quienes viven y se alimentan de la fe.

Hay un popular adagio que reza que este sentimiento de fe, es capaz de cosas prodigiosas como mover montañas o hacer brotar agua de una piedra, como hizo Moisés según narra la Biblia.

—Quien es ciego a la fe —comenté— no podrá gozar de las bondades de la vida en el espíritu.

La joven de las muletas hizo un gesto de desagrado. Comentó que ella era una mujer que tenía fe— sólo quien la siente puede vivirla —dijo refiriéndose a la fe.

—Hay un episodio en el Evangelio de Juan, en el que Cristo se encuentra con Marta, la hermana de Lázaro —le dije a la joven—. Ella le reclama que, si hubiese estado ahí en ese momento, su hermano no estaría muerto. Cristo le responde quien crea que Él es hijo de Dios, el camino, la verdad y la vida, vivirá, aunque estuviese muerto. '¿Crees en lo que te digo?', le pregunta Cristo y Marta responde afirmativamente.

—Yo también creo, como Marta —respondió la joven.

—Conozco lo que significa vivir en la fe —le contesté— Por lo que puedo percibir la fe verdadera de la que no lo es.

—No puede decirme que no sea así; es algo que sólo yo puedo saber —respondió la joven de las muletas, bastante alterada.

—La fe no se demuestra creando conflictos, ni de esa manera —repliqué.

La joven empezó a golpear las muletas contra el suelo, como si estuviera haciendo una pataleta, igual que un niño. De pronto, empezó a gritar histérica y luego, se quedó en silencio y agachó su cabeza. Escuché que estaba sollozando, pero no hice nada, guardé silenció y esperé.

—Cálmese —le dije intentando consolarla— no es para tanto...

—Usted tiene toda la razón —respondió finalmente tras el largo silencio— he perdido totalmente la fe y batallo cada día con eso; es algo que me corroe el alma, pero no he podido conversarlo con nadie, hasta ahora, en que tengo esta discusión con usted.

Le respondí que la fe es fácil demostrarla con actos, más que con palabras. La mayoría de las personas dicen y dicen cosas, pero no hacen nada. Existen cientos, miles de testimonios sobre eso.

Ella negaba con la cabeza y continuaba llorando, amargamente. Quisiera, pero no podía y no entendía por qué ella no podía y el resto de las personas sí.

Entonces la tomé de las manos.

—Cierre los ojos le dije—. Es necesaria una semilla para que un árbol crezca tan alto, casi hasta alcanzar el cielo. La fe está brotando ahora mismo en ti, en tu alma, siéntela. Está fluyendo poderosamente como un río. ¡Ahora, este es el momento en que tienes que confiar en Dios y demostrarte a ti misma que tienes la fe que mueve montañas!

Tienes que confiar, así que ahora, escúchame bien lo que te digo: camina, camina como la primera vez que lo hiciste, da un paso adelante sin miedo...

Decreto en el nombre de Jesús y por su sangre que tus piernas son fuertes, ahora, lo ordeno. Gracias. Hecho está. Te ordeno que camines en el nombre de Dios.

Entonces la solté y ella empezó a dar un paso, luego otro y otro y otro. De repente, parecía que toda la ciudad entera se hubiera volcado a ver aquel milagro. Todos aplaudían, lloraban, gritaban, Dios es fiel.

El lugar se invadió de un fuerte olor a flores, yo sabía que también estaba presente en esta sanación, la Virgen María de Guadalupe, porque siempre me acompaña.

La chica que había llegado maldiciendo y sollozando porque estaba caminando con unas muletas, ahora las había dejado a un lado y caminaba, saltaba, danzaba llena de alegría y de fe.

—Ahora puedes verlo, sobre todo puedes sentirlo: tu fe te ha puesto a andar. La necesitabas y ahora la recuperaste. Tienes fe y tu fe te ha hecho caminar luego de varios años.

Después de varios meses, supe, porque ella misma me lo contó, que se había curado de una extraña forma de parálisis congénita. Los doctores dijeron, extrañados, que aquello era algo que nunca habían visto en su vida y que era imposible.

«Esto es —comentó el doctor—, si se le puede llamar así, un verdadero milagro»

GRACIAS. HECHO ESTÁ.

2.
DIOS
ESTÁ VIVO

Tuve la oportunidad de conocer al sacerdote Alois en Dublín. Era una celebración anual para curar a los enfermos. El padre era un hombre vigoroso, a pesar de su avanzada edad y con los temblores propios de un Parkinson que avanzaba, aún tenía la entereza para orar por los enfermos. El solía cerrar sus ojos y entrar en una suerte de trance. Se concentraba pese a estar en una catedral o un parque, con miles de personas rezando, él podía concentrarse en lo que percibía con su espíritu.

En aquella ocasión, habían venido desde lugares muy lejanos del mundo, como Colombia, Ecuador, Haití, México, incluso, desde la Argentina y la mismísima Filipinas, miles de peregrinos esperanzados en que los dones del padre Alois pudiera ayudarlos a conseguir la sanación tan anhelada.

—La luz de Dios se está acercando a un grupo de peregrinos —dijo el padre Alois con los ojos cerrados— El manto del maestro Jesús los ha tocado.

El padre Alois tenía el don y yo lo canalizaba a través de mí. Trabajábamos en conjunto para la gloria de Dios.

—Ahora están curados —dije—: hay dos personas que recobraron la facultad de ver las cosas, justo en este mismo instante en Nombre y por la sangre de Jesús.

Se escucharon gritos de júbilo entre el público. Estaban entusiasmados, mucho más de lo habitual. Pasaba algo. De repente una mujer gritó: «Dios mío, esto es un milagro», y luego se arrodilló. Todos empezaron a orar y a invocar el amor de Dios.

Resultaba impresionante ver como aquel hombre de edad, tomaba fuerzas para orar durante dos, tres y hasta cinco horas, como lo hizo aquella tarde de verano en Irlanda. La energía que podíamos intercambiar entre el padre Alois y yo, hacía verdaderos prodigios, milagros que perduraban para gloria de Dios.

Ese día pude ver un fenómeno que llamó la atención de todos los asistentes. La luz de la tarde era limpia y brillante como nunca antes la había visto en ningún lado. A medida que la tarde caía, parecía que brillaba con más fuerza y la luz cobijaba a todos, pero era una luz que era diferente a la natural, que además se sentía más fuerte cuando se cerraba los ojos para orar. Al final cayó la noche y la luna siguió iluminando el lugar donde estábamos reunidos realizando aquel círculo de milagros.

Los peregrinos y enfermos que llegaron caminando con bastones, muletas o sillas de ruedas, salieron caminando; los que no veían, pudieron ver caer la tarde y salir a la luna.

—Padre Camilo, gracias por curarme —me dijo un hombre joven, que llegó apoyándose en dos bastones y ahora caminaba por su cuenta— Yo no hice nada —le respondí— Ha sido tu fe la que te ha otorgado el don de la sanación, yo solo sé que Dios es fiel y que su promesa es verdadera.

GRACIAS. HECHO ESTÁ.

3.
CON PALABRAS
DE MANDATO

El viento soplaba con furia esa tarde. Por un momento pensamos que el altar saldría a volar por los aires. Era el mes de agosto en la ciudad de Bogotá, Colombia. Se organizó una misa campal de sanación, a la que acudieron muchas personas en busca de un alivio a sus males del cuerpo y del alma.

Entre los asistentes, se encontraba un chico de unos diecisiete años de edad llamado René, quien tenía un problema en el sistema endocrino, de diagnóstico crítico. La familia estaba orando por él; en la última reunión con los médicos, les habían dicho que las esperanzas eran limitadas. Quizá meses, o con suerte, uno o dos años de vida.

—Oremos —les pedí a los asistentes y cerré mis ojos.

En ese momento preciso un nombre acudió a mi mente mediante palabra de conocimiento. "José Hernández". En ese momento decreté y ordené con autoridad, que la enfermedad saliera del cuerpo de Rene. Allí mismo Rene cayó al suelo, comenzó a sudar, hasta que pegó un grito muy fuerte, que decía me quema, me quema...Yo sabía que estaba siendo sanado por Jesús. Ya estaba hecho.

José Hernández, de nuevo aquel nombre aparecía en mi mente. ¿Qué me quería decir Dios con eso? Seguí con la eucaristía y finalmente me acerqué a Rene y le dije, estás sano por tu fe. Debes dar testimonio del poder del Creador, contarle a todos lo que te pasó para que muchos creyeran.

—Sé que el don de la Fe te ha permitido vivir libre de toda atadura de enfermedad —le pregunté a la familia de René— ¿De casualidad ustedes conocen a un señor José Hernández? —pregunté.

Todos se mostraron extrañados. Nadie había escuchado jamás aquel nombre.

— ¿Quién es, padre Camilo? —me preguntó el papá del joven.

Respondí que no sabía; que aquel nombre me llegó como comunicado de parte de Dios, en el momento en que elevaba mi oración para que su hijo tuviera el don de la sanación.

Luego de terminar la celebración de la Eucaristía, salí del lugar y mientras me conducían al hospicio donde estaba hospedado, tuve una extraña sensación de entrar a un sanatorio que yo había apenas visitado una vez, en una visita anterior a Colombia.

—Para aquí —pedí al conductor.

—¿Sucede algo? —me preguntó con gesto de extrañeza.

—No me tomará más de diez minutos.

Ingresé al lugar y me preguntaron que a quién buscaba. Se me vino a la mente el nombre de la hermana Evangelina, con la que había conversado la última vez. Me indicaron que la encontraría en el quinto piso. Subí el ascensor y sin darme cuenta pulsé el botón del sexto.

Ahora perdería un minuto más de tiempo, pensé, algo que me hizo sentirme avergonzado con el joven que se había ofrecido a ser mi conductor.

Cuando bajé del ascensor, me encontré con un cuarto donde estaban dos personas rodeando a un enfermo. Sin saber exactamente por qué, entré al cuarto.

—Dios mío, padre… aún no es el momento —dijo una mujer mayor y empezó a llorar.

—Discúlpenme —me excusé—, estoy buscando a la hermana Evangelina, pero de pronto me perdí y resulté en esta habitación…

Entonces alcé la mirada y sobre la cama pude ver el nombre que había llegado a mi mente durante la eucaristía: José Hernández.

Me contaron la historia. El señor Hernández estaba en estado vegetativo. Los médicos no apostaban por su recuperación. Era cuestión de días para tomar la decisión definitiva.

—Su vida se limita a esos cables que entran de su boca y al aparato que respira por él —me dijo su madre.

Cerré los ojos, me conecté con Dios y les pedí que oraran conmigo. Apreté la mano de José, luego ordené y decreté por el don de la fe en el Nombre de Jesús, por llagas y por sus clavos, que este hombre enfermo fuera sanado ahora mismo. Gracias. Hecho está. «En cinco días será curado», me dijo una voz interna.

Al abrir los ojos, la enfermera y la madre de José, estaban llorando. Sobre la habitación había caído una especie de escarcha de color plateado y el aroma estaba lleno a rosas veraniegas.

—No vayan a desconectarlo —les dije— El viernes volveré a verlo y será sanado.

Antes de salir, pregunté por la hermana Evangelina. Me dijeron que había muerto el año pasado. Elevé una oración por ella y le pedí que intercediera para salvar la vida de René, el joven que tenía la enfermedad endocrina, y por José Hernández.

Los días pasaron y el viernes regresé al hospital.

Cuando entré al cuarto, temí lo peor. Estaba vació. Entré en pánico. Busqué a una de las enfermeras para preguntar qué había pasado con él.

— ¿José, José Hernández está vivo? —empecé a gritar.

—Tranquilo, no se preocupe, acompáñeme —me dijo un doctor.

Al entrar a la habitación pude ver sentado ante la ventana a un hombre de ojos azules que tomaba el sol. Me vio entrar y enseguida me reconoció.

— ¿Padre Camilo?

Sentí una corriente subir por mi espalda. ¿Cómo podía saberlo si estaba en estado de coma hace cinco días?

—Me lo dijo al oído; estoy curado. Gracias.

Se levantó y nos dimos un largo abrazo.

René y José se reunieron junto a sus familias en un encuentro. Mientras oficiaba la eucaristía, José nos contó el momento en que transitaba por un largo camino de oscuridad y de repente, fue llamado a la luz.

Allí, pudo ver una figura. Resplandecía como el sol, pero no le lastimaba la vista.

—Quise ir, caminar hacia aquella luz, pero al momento de intentar entrar en ella, esa figura que era como un ángel, me dijo con una voz poderosa pero magnánima: «No,

José. No es tu momento; no todavía, vuelve y cuéntales que caminaste por el sendero de la oscuridad y da testimonio».

GRACIAS. HECHO ESTÁ.

4.
PALABRA DE CONOCIMIENTO

El don de conocer, es lo que se conoce carismáticamente como "don de palabra de conocimiento" es uno de los más prodigiosos dones de los que se tenga noticia. Este don consiste en que recibes información y datos de parte de Dios en tu mente, sobre sanaciones y sucesos que acontecen en ese momento. Puedes recibir nombres de personas, lugares o enfermedades y ataduras que son curadas y liberadas. Este es don es muy preciado por los sanadores. En nuestra escuela de formación de capellanes holísticos y guías espirituales Ascended Master Method®, todas las personas pueden aprender a desarrollar los dones espirituales y no necesitan ser personas con historias de vida extraordinarias, solo basta creer y entrenarse, para convertirte en un excelente sanador y terapeuta.

El hecho tuvo lugar en un círculo de milagros. Acudieron muchas personas, entre las cuales había varias que tenían algún tipo de limitaciones auditivas.

Me encontraba orando y decretando por la sangre de Jesús - hay aquí personas que están sanando de sus oídos, luego dije con profunda fe, ordeno que los oídos sordos se abran y escuchen ahora por las llagas de Jesús. Gracias. Hecho está.

En ese momento en aquel sitio, se sintió la energía divina, era algo increíble, el lugar se vio invadido de un aroma de flores junto con perfume y aparecieron unas luces en el techo, yo sabía que eran ángeles danzando. Era algo muy poderoso.

— ¡Dios mío, Dios mío! —Se escuchó de repente gritar a 9 personas—. ¡Puedo escuchar, puedo escuchar, por Dios, decían!

Todos contuvieron el aliento y dejaron salir un murmullo de expectación y de asombro. La gente se puso de pie para aplaudir y gritar llena de excitación. Los 6 hombres y 3 mujeres sanados de sordera caminaron, por un largo pasillo central y se dirigieron hasta el frente del auditorio. Allí, dieron sus testimonios emocionados.

Luego, hice una nueva oración de fe; todos estaban concentrados. Se podía sentir nuevamente un olor a rosas que inundaba el lugar; el sol danzaba en el cielo a medida que la energía y vibración de la oración ascendía.

Un muchacho de unos veinte años, de pronto dijo:

— ¡Veo, puedo ver, ¡Dios mío, es un milagro!

El muchacho había perdido la visión del ojo izquierdo por causa de una infección, que lo afectó en la niñez. Eran dos sucesos durante el mismo día. Una ocasión excepcional. Pero todavía faltaba más.

Una chica muy joven, de menos de 18 años, había tenido polio y no podía caminar desde niña. En medio de la oración de fe y las palabras de mandato, comenzó a sudar de modo desproporcionado, ella sentía que una energía de enfermedad salía de su cuerpo y una nueva vibración amorosa la invadía. Luego se levantó y caminó, dando pasos forzados hasta que la ayudaron a subir al lugar donde yo me encontraba.

Dio su testimonio, dando fe del prodigio que sucedía en su vida. El milagro de la fe.

Quizá dirán algunas personas que todos estos milagros son mentira, ya que no puede ser cierto o porque Dios no existe o porque simplemente piensan, que ya el Creador no actúa porque ha muerto. Dentro de las explicaciones, entre otras, las que acuden a la psicología, aducen que esto se debe a una sugestión colectiva, que se da cuando una gran masa de personas se auto convencen de que algo sucede, por causa de la histeria colectiva.

Yo sólo sé que Dios da dones espirituales y carismas para todos en su festín de amor. Recuerdo la respuesta que le di a una mujer cuando me preguntó por qué mucha gente no sanaba, incluso, moría. «Hay un plan para cada uno de nosotros —le dije—. Los que están enfermos y no sanan, pues muchas personas todavía no están preparadas para sanar físicamente o lo que el Creador les permite hacer es una sanación espiritual de reconciliación. Lo importante es el avivar la fe, fortalecerla cada día, para que las almas experimenten el amor y la energía divina, ya que por este acontecimiento millones de personas cambian sus vidas de modo positivo.

GRACIAS. HECHO ESTÁ.

5.
EL PODER
DE LA FE

Uno de los suburbios de Ciudad de México se había convertido en el lugar para la realización de círculos de milagros. Algunos sábados en las tardes, empezaba a llegar la gente esperando un milagro para ellos. Se eligió una zona amplia en la que las personas, que llegaban desde distintos lugares, no solo del casco metropolitano de la Ciudad de México, sino desde otros estados lejanos, como Monterrey y Chihuahua, incluso, desde otros países como Guatemala, Honduras, Costa Rica, Colombia y Estados Unidos, acudían con fe dados los prodigios de los que habían escuchado.

Para este círculo de milagros, llegaban personas de todas las religiones, razas e ideologías para experimentar el don de la fe que mueve montañas y que eleva nuestra conciencia a un nivel superior nunca antes visto.

—Dios NO es algo abstracto en un papel o una doctrina, Dios no tiene dueño —les hablaba—; Él está vivo, lo podemos sentir, está lleno de poder y podemos canalizar su energía creadora de amor para sanar, liberar, armonizar y en definitiva crear una nueva realidad.

Era un fin de semana y ante la gran afluencia de personas, fue necesario un lugar más amplio. Nos situamos en un lugar grande, así que más y más personas pudieron acudir a buscar al Dios de la vida que hace milagros. Todos buscaban ser sanados de sus dolencias físicas, emocionales y espirituales, porque tenían la certeza de creer en el Dios de lo imposible, que todo lo hace posible.

Este testimonio es de Guadalupe quien tenía una hija de unos seis años de edad, que estaba gravemente enferma por un cáncer de tipo linfático. La terapia no había dado frutos y el estado de la pequeña, se deterioraba cada hora. Ella no tenía conocimiento del milagroso evento que estaba pasando a pocas cuadras del hospital donde su hija estaba internada.

El cuerpo médico advirtió a la madre que Julieta, la pequeña, estaba próxima a un desenlace fatal, por lo que en cuestión de un par de días tendría que empezar a hacer los trámites funerarios. Guadalupe, que no se resignaba a perder a su pequeña hija, decidió pedir a la patrona de México, la milagrosa madre: la Virgen de Guadalupe.

Entró a la capilla que tenía el hospital y se arrodilló ante la imagen de la Guadalupana. Oró con fervor y profunda fe, pidiéndole que curara a su hijita. Hizo la promesa de consagrarla bajo el manto sagrado de la Virgen de Guadalupe.

Una voz susurró a su oído mientras estaba sumida en profunda oración:

«Busca al padre Camilo, en un parque cerca de aquí; él será el intercesor en la sanación de la niña».

Guadalupe, sobresaltada, se puso de pie y se dirigió a la habitación donde su pequeña hija dormía, exhausta por la terapia química. La besó en la frente y le prometió que la salvaría de las garras de la muerte. Caminó sin una dirección concreta, en los alrededores del hospital, hasta que pudo ver una gran afluencia de personas que se dirigían a un lugar, un parque amplio, en cuyo centro había una carpa enorme.

—¿Alguien conoce al padre Camilo? —indagó Guadalupe.

Le indicaron que se dirigiera a la tarima, donde en ese momento me estaba preparando para celebrar la eucaristía. Me abordó y me empezó a contar, en medio de sollozos, la grave situación que estaba viviendo en ese momento su hijita y cómo la misma Virgen de Guadalupe la trajo hasta mí. Luego de escuchar su testimonio, que me conmovió mucho, decidí que acudiría personalmente al hospital a darle la bendición a su hijita.

—Yo sólo soy un instrumento de Dios, —le dije— debes tener fe: en eso consiste todo; La Virgen de Guadalupe cubre a Julieta con su manto sagrado. Debes tener en todo momento fe, nunca puedes perderla, Guadalupe.

Esa eucaristía fue diferente a las demás que había hecho ese día. Una sensación de santidad y de paz flotaba sobre todos. La luz llenaba cada rincón de la Ciudad de México y la bendición que emanaba aquel sol danzante, fue un prodigio que no olvido, aun con el paso de los años.

Al llegar al hospital e ingresar a la habitación, alrededor de la cama había un grupo de médicos. Eran los oncólogos que trataban a la pequeña Julieta. Uno de ellos, abordó a Guadalupe.

La máquina que lleva el pulso desgranaba con dificultad cada impulso. La niña no había mostrado signos de recuperación desde la noche anterior. Su pulso y ritmo cardiaco bajaba dramáticamente a cada minuto. El dictamen de los médicos era que entrara en un estado de coma y muriera antes de veinticuatro horas.

—Es un caso grave —comentó uno de los médicos en tono inquisitivo— Estamos hablando de un caso de cáncer linfático.

La madre de la niña les preguntó si podía hacer una oración. El jefe del equipo médico, bajó la mirada y luego recorrió cada uno de las caras de sus colegas. Asintieron.

—Cinco minutos —advirtió el último médico que salió, cerrando la puerta.

Puse mi mano sobre la frente de la pequeña Julieta y empezamos a orar con su madre, Guadalupe. Una enfermera se mostró muy conmovida, por lo que decidió acompañarnos en la oración y se puso de rodillas.

Oré no solo por la chiquilla, sino por todos los niños que se encontraban allí enfermos, padeciendo enfermedades terminales.

—Dios está aquí con nosotros —dije— Su mano misericordiosa derrama el don de la sanación sobre la cabeza de Julieta ahora.

El ambiente se llenó de un olor a rosas muy intenso. Era un día gris, pero de repente, la luz del sol se coló y empezó a brillar de una forma que parecía totalmente distinta a la natural.

El equipo que llevaba el pulso comenzó a hacer el típico sonido, que es sinónimo de fatalidad. El tono se acortó y empezó a alargarse, se hizo intenso y resultaba insoportable de escuchar.

En ese momento yo estaba concentrado en la oración y no me percaté de lo que estaba sucediendo. La enfermera salió de la habitación para buscar a los médicos.

—Equipo de reanimación —dijo uno de ellos.

Durante un par de minutos estuvieron dando choques eléctricos sobre el pecho de la niña. Su madre, salió de la habitación y yo me quedé orando, en ningún momento la dejé sola.

Luego de la maniobra, uno de los médicos me dijo que si no comprendía que no había nada que hacer allí. Le pedí que me dejara hacer una última oración por la niña. Se encogió de hombros y salió de la habitación el médico molesto.

Mientras estaba allí, solo con la niña Julieta, pensé por un momento en el prodigio de la hija de Jairo, que el Maestro de la Misericordia Jesús de Nazaret, realizó seguramente en un cuarto y con la misma sensación de soledad y dolor que yo había acabado de ver y sentir.

—Yo te ordeno y decreto en el nombre de Dios, por la sangre de Jesús y sus santas llagas: "Talita Cumi", Julieta —esto significa en el antiguo idioma arameo, "Niña, te digo a ti, levántate"

Me disponía a salir de la habitación cuando la enfermera dio un gritó

— ¡La niña, la niña! —dijo y rompió en llanto.

El cuerpo de la pequeña convulsionó repentinamente y luego de la crisis, abrió los ojos y respiró de nuevo.

En menos de dos días se levantó y salió caminando. Los exámenes arrojaron que el agresivo cáncer estaba remitiendo de manera milagrosa.

Hoy, Julieta está curada.

GRACIAS. HECHO ESTÁ.

6.
DE LA ANGUSTIA A LA ALEGRÍA

Lucía era mujer que padecía una enfermedad respiratoria desde su infancia. Durante cerca de 30 años. Este mal la postró en cama dependiendo de oxígeno. Esto le impedía vivir plenamente.

Aunque Lucía, la mujer, vivía en Sevilla-España, a cientos de kilómetros de la ciudad donde yo resido, Londres, capital de Inglaterra; tuve una visión clara en la que se manifestaba su padecer y, del mismo modo, la sanación.

Recuerdo que desperté una noche, empapado en sudor y con la respiración agitada.

En el sueño, una voz me decía claramente lo siguiente: «Ella sanará por medio de la intercesión de la Virgen y del Padre Pío de Pietrelcina»

Al día siguiente recibí una invitación por parte de un grupo de personas de Sevilla. Me llamó Teresa, quien tenía la intención de organizar y realizar un círculo de milagros en aquella ciudad.

«Padre Camilo —me dijo con su voz cálida y su inconfundible acento andaluz—, estamos muy gustosos de invitarle para un evento de milagros aquí».

Organicé todo para emprender el viaje el fin de semana. Me sentía lleno de un gozo indescriptible, pero también con cierta ansiedad que no podía explicarme. Recordé los relatos posteriores a la curación que manifestaban muchos enfermos. Justo así podía sentirme. Era algo extraño.

Durante la realización del círculo de milagros, me encontraba a punto de subir a la tarima, cuando una mujer de edad mediana me llamó. Venía junto a Teresa

—Padre, quiero pedirle por mi hija Lucía —me rogó—. Por favor, téngala en cuenta durante la oración de fe para que Dios la sane.

Le pregunté qué tipo de enfermedad padecía y cuando me dijo, que era una grave enfermedad respiratoria, entonces tuve claro todo.

—Así es, no se preocupe, Dios es siempre fiel —contesté con serenidad—: Lucía ya está sana por las llagas de Jesús.

Durante la oración de milagros, percibía que la energía y vibración del lugar era muy alta, se sentía como un relámpago lleno de luz que flotaba sobre todos. Me acerqué al lugar donde estaba Teresa e hice la oración de decretos por la sanación de los enfermos.

Un par de días después, recibí su llamada

—Padre Camilo, tiene que venir a ver esto —dijo Teresa con voz emocionada.

Lucía era una mujer joven. El estado de postración en que la dejó la enfermedad, había marchitado su lozanía y su belleza. Estaba sentada en la sala de la casa, con una sonrisa resplandeciente. Ella misma me contó lo que había sucedido, dos días atrás.

—Me encontraba en un estado grave. No podía vivir sin estar conectada al oxígeno. Era algo muy incómodo para dormir y comer, pero con el tiempo uno se acostumbra en la vida a todo. La tarde del domingo, intenté dormir un poco. Por fortuna lo conseguí. Tuve un sueño en el que la santísima Virgen y el Padre Pio acudían a mí: recuerdo que la virgen tenía un manto resplandeciente del color azul del cielo de verano; su sonrisa era la más gentil y tierna que haya visto en mi vida. Se acercó a mí y puso su mano sobre mi frente:

«Hija mía, Lucía, tu fe te ha traído hasta este lugar lleno de luz. He intercedido ante Dios para que des testimonio de fe de tu sanación». Sentí una sensación de calor, como si un fuego consumiera cada célula de mi cuerpo, parecía que mis pulmones se quemaran. Entonces desperté y por primera vez, sentí que podía respirar con mis pulmones. Estaba curada. El milagro había acontecido»

GRACIAS. HECHO ESTÁ.

7.
POR LAS LLAGAS
DE JESÚS

Carmenza es una mujer colombiana que ha sido una de las más fieles seguidoras de la fe en el Maestro de la misericordia Jesucristo y su madre, la Virgen María. La vida de Carmenza y sus hijas cambiaron cuando su marido, murió años atrás, pero el poder del amor del Maestro de la misericordia Jesucristo es superior a las vicisitudes que la vida impone. Cuando murió su esposo, Carmenza no tenía ni idea de lo que tenía. El dictamen médico fue devastador, no solo para ella, sino para toda su familia. Su esposo había muerto de SIDA. Es uno de los virus que con mayor saña ha golpeado a la humanidad. Ella cayó en una gran depresión y pensó que su vida no tenía sentido. En poco tiempo empezó a mostrar signos de que la enfermedad le había sido contagiada por su esposo. Siendo una mujer activa y aún bella, se vio postrada en una cama, las infecciones oportunistas derivadas de esta grave enfermedad, no tardaron en atacarla.

Dentro de mi labor como capellán y guía espiritual, suelo acudir a visitar a los enfermos. Un acto de misericordia y compasión, que es como una fuente con la que damos agua fresca al sediento en un desierto. Sus hijas me llamaron para que la visitara, pues pensaban que la recaída de su madre, era definitiva y fatal.

—Gracias, padre Camilo —dijo Carmenza al verme— Necesitaba mucho de su visita.

En sus ojos pude ver su temor y su ansiedad. Resultaba natural, pues los médicos no eran muy optimistas en su pronóstico. Todos los visitantes debíamos estar vestidos con el traje especial para evitar, no tanto el contagiarnos, sino para evitar llevarle virus y bacterias del mundo exterior, que en su estado resulta fatal para su sistema inmunológico.

—Me siento como el santo Job, padre Camilo —me dijo Carmenza con un hilo de voz— Estoy siendo castigada porque me he portado mal, y ésta es la consecuencia directa de eso.

Estoy purgando los vicios de mi esposo, su infidelidad. Pero yo lo acepto como acto de fe. Deme la extremaunción, por favor, padre. Quiero morir en la paz de Dios.

Le dije que no era así, que el poder de Dios, su bendición, era mayor a cualquier cosa que pudiésemos imaginar.

—Estás pasando por esto para que des testimonio —la conforté. Dios te levantará de esta cama de muerte, para darte una nueva posibilidad de vida.

Me dio su mano y oré. Cerramos juntos los ojos, concentrándonos en la oración de fe que mueve montañas.

«En el nombre del Maestro Jesucristo de la misericordia, por las llagas, la sangre y los clavos de Jesús, ordeno en fe ahora que la enfermedad del SIDA, se retire del cuerpo de Carmenza, de sus células, de su sangre y la envío a la luz de Dios. Gracias. Hecho está» dijimos al mismo tiempo.

En ese momento Carmenza, comenzó a sudar de un modo desproporcionado, su cuerpo a temblaba, era algo impresionante ver aquella escena y, por último, el lugar se llenó de pequeñas luces blancas que flotaban en el aire.

Luego de unos cuantos días, me comunicó una de sus hijas que tenía noticias de Carmenza.

«Tiene que verlo con sus propios ojos padre Camilo», escribió en el mensaje.

Cuando retorné a la clínica, la mujer que yo había visto a los ojos días atrás, era otra. Comenzó a mostrar signos de recuperación increíbles. Su sistema inmunitario se fortaleció y empezó a recibir alimentos sólidos por primera vez en semanas.

—Estoy impresionado —me comentó en el pasillo el médico— En mis años de trabajo con este tipo de pacientes, jamás había visto una recuperación así de impresionante.

Carmenza fue dada de alta de la clínica, a la que yo había ido a dar la extremaunción y cuando la vi luego, ya en su casa, me dijo.

—Padre Camilo. Estos son los resultados.

Abrí el sobre y leímos el resultado. «Negativo».

Carmenza fue sanada de SIDA. Su testimonio de fe, es uno de los que más logran conmover a quien lo escucha.

GRACIAS. HECHO ESTÁ.

8.
ENFERMEDAD TERMINAL

Un hijo es un regalo de Dios; sin embargo, en ocasiones esa felicidad que traen, puede verse teñida por la tristeza y el dolor de una enfermedad. A una familia de New York que fue bendecida por la llegada de un hijo, a una edad ya avanzada para los padres, tuvo su contraparte dolorosa. Al niño le fue diagnosticada una enfermedad congénita que afectaba sus ojos. Era un glaucoma maligno, que, si no se trataba a tiempo, o incluso, si así lo hicieren, no era una garantía de que el niño pudiera sobrevivir y llegar a la edad adulta.

Los padres del niño, a causa de la situación por la que estaban atravesando dada la enfermedad que padecía su hijo, se divorciaron. Aquello constituía una gran carga emocional para la joven mujer.

Los pediatras oncólogos, estaban muy preocupados por el agresivo tumor que crecía en el interior del ojo del bebé. Esto definitivamente pondría en riesgo su vida. No pronosticaban que el bebé llegara a vivir más de dos meses, con suerte. Pensaban alternativas, pero no eran muy esperanzadoras, la quimioterapia para un bebé era prácticamente una condena de muerte, dado que no la resistiría. Lo único que quedaba era la oración de fe en Dios, para que ocurriese un milagro de curación.

Cristine, la madre del niño, quien nunca había asistido en su vida a una iglesia o había siquiera cruzado palabra con un sacerdote, acudió a una parroquia en Cambridge. Se encontraba en un estado de postración espiritual. El párroco de la iglesia la vio y decidió acercarse para brindarle ayuda. Ella le contó el difícil momento por el que estaba pasando.

Se ofreció para hacer una oración por ella y por la salud de su bebé. Aceptó. Lentamente, la actitud de rechazo hacia Dios empezó a cambiar. Tanto que iba diariamente a orar a la capilla. Fue en ese momento cuando el padre Peter decidió darle mis datos, para que me contactase.

Me fue pedido que acudiera a la clínica donde lo tenían recluido. Este niño se encontraba en Cambridge, a 65 millas al norte de Londres, por lo que tuve que emprender el viaje hasta allí.

La familia del bebé no era ni católica; ni protestante y no practicaban ninguna espiritualidad.

Estaban alejados totalmente de Dios. Cuando las personas me llaman para pedirme que les ayude y les guíe, no importa si profesan o no una religión. Es el llamado que tiene Dios para ellos. Pero si es muy importante, que las personas tengan la creencia de que existe un Dios, que está vivo y que no importa cómo le llames, todos pueden acceder a esta energía creadora para sanar.

Cuando llegué a Cambridge, me reuní con el Padre Peter y con Cristine, comprendí al verla a los ojos la gran tragedia que estaba viviendo. Oramos con fervor y luego la acompañé a ver al bebé en la clínica.

Le pedí que cerrara los ojos y que pidiéramos con fe a la Virgen María, al Maestro Jesucristo, El Misericordioso y compasivo, para que obrara la sanación en su bebé. Así lo hicimos.

Allí mismo decreté y ordené por los clavos, la sangre y las llagas de Jesús, que en ese mismo momento, el tumor desapareciera del bebe para siempre, siendo en fe enviado a la luz de Dios, para que nunca más regresará. Gracias. Hecho está.

Repentinamente el bebé rompió en llanto, sus ojos se pusieron totalmente rojos y fue en ese momento cuando de sus ojos cayó una especie de escama de pescado al suelo.

Acudieron las enfermeras y lo calmaron

—El Creador es lo único que puede salvarlo, ya que los médicos no han podido. Dios está con Él y contigo, Cristine —la reconforté. Dios es fiel, Él es el Dios de lo imposible que todo lo hace posible.

Tenía que viajar a Londres al otro día. Le prometí que seguiría orando por la sanación del bebé.

Cerca de ocho días después, recibí un mensaje de voz. Era Cristine.

«Padre Camilo. Mi bebé está dando muestras de mejoría. El carcinoma está dando muestras de ceder. La fe es algo real, padre. Gracias».

Poco menos de un mes después, el bebé apenas tenía rastros de tener su ojo enfermo. Los médicos le dieron de alta. Cristine viajó con su bebé a California, donde vivía su ex esposo. Luego de la recuperación del bebé, la pareja se reconcilió y tuvo un segundo hijo. Los dos niños hoy viven felices, y por la gracia de Dios, totalmente sanos.

GRACIAS. HECHO ESTÁ.

9.
EL CÍRCULO DE MILAGROS

Era la primera vez que estaba en la ciudad de Santo Domingo, República Dominicana. Por aquel tiempo, un huracán estaba azotando las islas del Caribe y golpeó con fuerza en el país. Varias personas quedaron damnificadas tras el paso del mismo. Yo haría un círculo de milagros para dar consuelo a las familias, que habían perdido a seres queridos durante la catástrofe. Sin embargo; la noche anterior, se desató una tormenta y no pudimos realizar el círculo de milagros. Tendríamos que esperar que la calma llegara. Así pasaron casi dos días. Al tercero, decidimos que era momento de hacerlo.

El equipo organizó las carpas para el evento de fe. A pesar del fragor de la lluvia que no cesaba, se reunieron cientos de personas en el círculo de milagros. Cuando todo parecía tener finalmente éxito, una gran tormenta se desató. Le pedí a las personas que conservaran la calma.

Los relámpagos iluminaban el cielo y las olas embravecidas, amenazaban con desbordarse e inundarlo todo.

—Tómense de las manos y oren con fe junto a mí —les animé por el micrófono.

La gente gritaba, presa del terror. Es en esos momentos, en los que hallo fuerzas para poder seguir adelante.

De pronto cayó un rayo.

La oscuridad se apoderó del descampado. «Es todo: no hay nada qué hacer», comentó alguien en la oscuridad, seguramente un técnico.

—Tómense todos de las manos y hagan un círculo de oración —les pedí— Para Dios no existen imposibles, Dios es capaz de hacer lo que prometió.

El rumor de la oración se podía escuchar a kilómetros. Era un momento de conexión espiritual entre cientos de personas amenazadas por la tormenta que parecía llegar a su máxima intensidad.

—Dios de poder, haz que la tormenta amaine y podamos realizar el círculo de milagros, para sanar a tantos de tus hijos que sufren en este momento —oré en voz alta, dándoles fuerzas a todos. Ordené y decreté que la tormenta cesara por la sangre y las llagas de Jesús. Luego creí en fe, que ya estaba hecho, que era ya real.

Al cabo de un rato, la lluvia empezó a hacerse más tenue y finalmente cesó. Con la calma, también volvió la luz eléctrica.

La gran reunión para orar por los enfermos y pedir su sanación, se pudo llevar a cabo para la gloria de Dios. En aquella jornada de oración, sucedieron grandes milagros, la fe de todos activó el poder de Dios.

La fe la llevamos todos, pero tenemos miedo de asumir, que ésta es el espíritu de Dios dentro de nosotros —anuncié por el micrófono.

Les dije es necesario dejar de creer solo en Dios, para comenzar a CREERLE A DIOS.

GRACIAS. HECHO ESTÁ.

10.
JESÚS ESCUCHÓ
MI SUPLICA

Durante una terapia de sanación en México, tuve la oportunidad de conocer a una mujer llamada Marta. Ella estaba felizmente casada y tenía dos hijos. Durante un viaje sufrió un terrible accidente en el que, además de perder a su esposo y a sus dos hijos, sufrió una grave lesión en su cadera y quedó con marcas en su rostro que le recordaban cada día su sufrimiento. Esto la hacía sufrir mucho. Cuando nos encontramos por primera vez, pude sentir que era una mujer sin esperanza, pero, sobre todo, sin fe, que estaba derrotada y ya no tenía ganas de vivir.

—Padre Camilo —me dijo— he pasado muchas noches en blanco llorando por mi desgracia. "¿Por qué, ¿Dios, por qué yo?", le preguntaba

—Dios nunca te ha abandonado; no abandona a ninguno de sus hijos. Es como un buen padre que tiene millones de hijos y que está pendiente de cada uno, pero su amor es igual para todos.

Tras varias cirugías, Marta se resignó a que no volvería a caminar. Su vida jamás sería igual.

La invité para que asistiera a una eucaristía de sanidad en la casa de unos amigos.

—Por el don de la fe se suceden milagros increíbles, —le dije.

Ella era totalmente escéptica, pero a regañadientes, aceptó.

El ambiente se sentía pleno de una energía vital y de compasión. Grupos de personas cantaban y oraban. Marta estuvo en la eucaristía en la que hice una súplica por la sanidad de todos los enfermos.

Ella se fue para su casa y me cuenta que se sintió profundamente cansada. «Era como si hubiera corrido una maratón». Durmió durante toda la tarde.

La despertó una sensación de intenso calor en todo el cuerpo, en especial en sus piernas y cadera. «Santo Dios, que todo esté bien. ¿Ahora qué otra cosa más me puede pasar?», pensó.

Marta intentó levantarse con la ayuda de sus muletas, como siempre. Pero al intentar alcanzarla, algo que le resultaba muy penoso, se sorprendió porque le resultó muy simple. Cuando se puso de pie, notó que el dolor y la atrofia en sus piernas y su cadera se había ido. Dio dos pasos. Caminó por el pasillo y empezó a saltar de euforia.

«Padre Camilo. Gracias —decía en una llamada que me hacía—Esto es un milagro de Dios.

«¡Gloria a Dios!».

Glorifica el nombre del maestro de la misericordia, Jesús, quien ha escuchado nuestras oraciones.

Durante el examen rutinario, el doctor se mostró perplejo ante la milagrosa recuperación de una mujer que se suponía tendría que vivir toda la vida atada a unas muletas.

¡Alabado y glorificado sea el nombre de Jesús, ya que por sus llagas hemos sido curados!
GRACIAS. HECHO ESTÁ.

11.
EL MAESTRO JESÚS CURÓ A LA MADRE DEL COMANDANTE

Después del largo conflicto armado de más de cincuenta años en Colombia, luego del acuerdo entre la guerrilla y el gobierno, retorné al país donde nací para hacer una serie de terapias holísticas de sanación y liberación. Astrid Gómez me invitó a que llevara la bendición a una vereda cercana a la ciudad de Chiquinquirá, Boyacá, un lugar con gran cantidad de personas creyentes en Dios de Colombia. Luego de celebrar varias eucaristías, ella acudió a mí para pedirme que fuera a esta zona rural, ya que allí muchas personas enfermas tenían la esperanza de curarse.

Al día siguiente, viajamos a la vereda para celebrar una eucaristía de sanación y liberación. El viaje era tortuoso, cerca de cuatro horas por una carretera maltrecha. El clima parecía no estar de nuestro lado: desde temprano en la mañana hubo una lluvia intensa. Emprendimos el camino. Las autoridades advertían posibilidades de derrumbe en la carretera, por lo que el agente que hizo la revisión de los documentos del vehículo, nos recomendó dar vuelta si no era estrictamente necesario viajar.

—El río está a punto de desbordarse —puntualizó el agente de policía— Corren muchos riesgos si siguen viajando por esta ruta.

—Dios viaja con nosotros —le respondí.

Seguimos el trayecto, a pesar de las condiciones adversas. Cuando íbamos a mitad de camino, fuimos detenidos por un grupo de unos 50 hombres fuertemente armados.

—Buenos días, sacerdote—saludaron— Esta es una zona vigilada por nuestra organización. ¿Hacia dónde se dirigen?

Les explicamos que nos desplazábamos hacia una vereda, para celebrar una eucaristía de sanación y liberación. El rostro cubierto del hombre, no permitía ver sino sus ojos, intensos, negros. Por un momento se quedó en silencio. Creí que hasta ahí habíamos llegado. Pero me encomendé a Dios en silencio, mientras la tensión crecía. Todas las cosas pasaron por mi cabeza, y supongo que también por la de quienes íbamos en el vehículo.

«Virgen María, Maestro de la misericordia Jesucristo, Dios mío... —hice la oración de fe y decreto de protección en mi mente— Permítenos llegar sanos y salvos a la vereda y que podamos realizar el evento de sanación, para que muchos crean que tú estás vivo y sigues actuando hoy»

—¿Cuánto tiempo se piensan quedar en la vereda?, padre Camilo—preguntó.

—Cerca de dos días máximo, comandante —le respondí.

Esta era una zona conflictiva en ese entonces. Los reportes de secuestros eran moneda corriente. Les expliqué que estábamos haciendo una labor humano espiritual. Que nos habían invitado a ir para realizar oración colectiva, para muchas personas que no tenían la posibilidad de trasladarse a un centro espiritual. Los miembros de las organizaciones subversivas suelen ser muy poco dados al diálogo, por lo que intentar persuadirlos de cualquier manera resultaba inútil.

Tras pensarlo bien, el comandante movió la mano indicando, que se nos permitiera seguir el camino. Al intentar emprender nuevamente el camino, el vehículo no encendió. Un sudor frío recorrió mi frente. El conductor se bajó a ver qué pasaba.

—Padre Camilo, baje del carro, por favor —me pidió uno de los hombres armados.

El comandante se acercó a mí y me dio la mano.

—Quiero pedirle un gran favor, padre. En esa vereda vive mi madre —me dijo— Ella está muy enferma. Lo único que espero es que la fe en Dios pueda curarla.

Asentí y le pregunté qué tipo de enfermedad tenía. Me respondió que era un tipo de cáncer linfático muy agresivo.

—La tendré en mis oraciones, comandante. La fe en Dios es algo que realiza prodigios y milagros. Que Dios lo bendiga.

Finalmente, mis ruegos fueron escuchados y el vehículo encendió y pudimos llegar a la vereda. La eucaristía de sanación y liberación fue una de las más concurridas en aquel lugar apartado. Al altar se acercó una mujer de unos ochenta años que decía padecer un cáncer linfático. Supe que era la mamá del comandante. Se quejaba de un dolor en el pecho que no se iba. Tomé sus manos y oré por su sanidad.

Cerré mis ojos, pedí ayuda al Creador, para que esta sanación se realizará del modo más elevado para su mayor y más alto bien. Luego decreté y ordené por la sangre de Cristo, por los clavos de Jesús, y por su santo nombre, que la enfermedad abandonara ahora cada célula del cuerpo de la mujer. Luego retiré la enfermedad por la boca, enviándola a la luz de Dios, fue entonces cuando en ese momento comencé a ser testigo de la sanación, enviando luz y amor a cada órgano que estaba siendo curado por la energía divina. Pude ver las moléculas de esta mujer totalmente limpias de cáncer. Seguidamente agradecí y creí en fe, que estaba hecho.

Cuando fue el momento de partir de la vereda, la mujer se acercó al vehículo.

—Padre Camilo, desde que oramos juntos, me siento mucho mejor, deme la bendición.

—No te preocupes, mujer. Dios ha escuchado tus oraciones, porque Él es el Dios que hace posible lo imposible.

Casi 2 meses después supe que la mujer estaba sana de ese agresivo cáncer, gracias a la oración de fe, que mueve montañas

GRACIAS. HECHO ESTÁ.

12.
EL FUEGO
QUE QUEMA

En las últimas décadas, Corea del Sur ha tenido un incremento en el número de personas que se creen en los milagros y la fe. Una señora de apellido Wang, que vive en Londres, entró en contacto conmigo. Padecía constantes dolores de cabeza, los cuales duraban varios días. Decidió ir con un doctor que le dijo que aquello era el síntoma de una enfermedad mucho más grave.

Los especialistas le dijeron que su enfermedad era progresiva, un tumor cerebral maligno que afectaba su sentido de la audición produciéndole sordera, solo escucharía con ayuda de aparatos externos, en caso que sobreviviera al tumor en su cabeza, asunto que era complicado, ya que los médicos pensaban operar para extraer el tumor, pero existía la posibilidad de que muriese o quedara con secuelas permanentes como parálisis y pérdida de los sentidos.

Recuerdo que la señora Wang acudió al círculo de milagros, que se hizo en la ciudad de Bournemouth. Se veía bastante demacrada, muy diferente a su aspecto vital y lleno de energía con el que se le podía ver cuando hacíamos una video llamada por Internet. Ella se unió entonces a la gran cadena humana de oración. Es notable ver como las células y organismos vivos reaccionan al poder que tiene la oración. En un estudio hecho por biólogos, las células a las que se les oraba, vivían más que a las que no. La oración es energía divina y su poder es algo que influye en la salud de quien recibe sus bendiciones. Además, cuando una persona adquiere el hábito de orar al Creador, se activan algunas partes del cerebro, que generan bienestar, esperanza y salud en la persona. Hasta por esta situación digo a la gente que es mejor ser creyente en Dios, que ateo.

La gente cantaba. La luz del sol brillaba, colándose por los ventanales del lugar. De repente la mujer coreana, que estaba a unos cuantos metros de la tarima, en la segunda fila, se mostró eufórica.

Comencé a orar por medio de decretos y palabras de mandato, para que las distintas enfermedades salieran del cuerpo de la gente presente, luego dije con profunda fe: Dios me está diciendo que aquí hay una persona, que tiene un tumor cerebral, el buen Dios, le dice que está sana ahora, por el amor y misericordia. Gracias. Hecho está.

— ¡Dios mío, esto es un milagro —gritó—, no lo puedo creer! ¡Puedo escuchar! En ese momento, la mujer comenzó a sentir un fuerte dolor de cabeza, experimentando que una fuerza externa le quemaba precisamente el lado de la cabeza donde se localizaba el tumor, la mujer comenzó a sudar y temblar. Luego cayó al suelo y se quedó quieta.

Me di cuenta entonces de la espectacular escena, y simplemente di gracias al Creador del Universo, por el milagro realizado. Porque aún antes de saber el resultado de la oración de fe, yo ya tenía la certeza de que la sanación estaba realizada.

La mujer despertó y luego subió al púlpito para relatar su historia. Gracias a este testimonio muchos creyeron en el amor del Creador, y comenzaron a entrenarse con el maravilloso método de sanación, que Dios me ha enseñado a través de mi oración personal, visiones y sueños.

Dios es capaz de realizar cualquier prodigio, de hacer maravillas sanando el cuerpo y el alma de los que buscan y tienen fe en él. Otras doce personas consiguieron el don de la sanidad aquella tarde en Bournemouth, entre éstas, cinco fueron curadas de enfermedades terminales.

Este círculo de milagros fue muy poderoso, porque la energía de Dios, se derramó grandemente, el cielo se abrió y llovió la bendición. Pude en todo el tiempo que duró el círculo de milagros, ver a la santa Virgen María de Guadalupe, al padre Pío de pietrelcina y a san Miguel Arcángel, acompañándome en cada sanación y liberación que realizaba.

Te recuerdo que el que sana es Dios, y no quien ora. Nosotros somos un canal de luz, que el Creador utiliza para enviar su energía y vibración sanadora. Este trabajo de orar por los enfermos, cualquier persona puede realizarlo, no necesitas ser santo o profesional o pertenecer a alguna iglesia o técnica energética de meditación, para obtener grandes milagros. Aquí lo principal es pasar de creer en Dios a creerle a Dios; es decir, desarrollar una fe que mueve montañas o fe cuántica, la cual tiene el poder de crear y descrear la realidad, obteniendo la verdad más elevada de ti mismo, para tu mayor y más alto bien.

Así que atrévete a desarrollar una fe poderosa, que haga que las cosas imposibles sean posibles, porque Dios es fiel.

Para esto Ascended Master Method® ofrece distintos seminarios de entrenamiento en la modalidad de practicante e instructor, para que logres desarrollar todos tus dones y carismas, logrando crear grandes y poderosos milagros.

GRACIAS. HECHO ESTÁ.

13.
TU VIDA ESTÁ
EN CONTROL

Una pareja de esposos vivía en la ciudad de Lima, Perú. Se habían casado hacía menos de un año, pero la relación venía empeorando en razón a que ella no podía tener hijos. Era el sueño que tenían, pero ella, al parecer tuvo problemas hormonales a causa de usar métodos anticonceptivos, lo que produjo unos quistes en los ovarios que impedían el poder quedar encinta de su esposo. Esto era algo que los atormentaba mucho. La pareja intentaba tener un bebé, incluso llegando a hacer uso de varias fórmulas y rituales tradicionales que resultaban riesgosos. Una chica había muerto por ingerir alguna de esas sustancias, que recetaba el chamán para lograr embarazarse. En muchos países de América Latina, es normal que estos santeros, chamanes y brujos, receten cualquier cosa.

Durante el viaje que efectué por Perú, tuve la oportunidad de conocer a muchos matrimonios jóvenes de distintas religiones y experiencias de fe. Sin embargo, la actitud de esta pareja me impresionó mucho.

—Padre Camilo, queremos tener un hijo —me dijo Laura, tomada de la mano de su esposo Álvaro— pero el Señor no nos ha bendecido. Le pedimos, que nos tenga presente en la eucaristía de sanación y los círculos de milagros, por favor.

Sus ojos brillando de angustia, me hicieron tenerlos presentes, por encima de otros casos durante la misa de sanación. Yo sentía que el Creador tenía un plan para esta pareja de esposos.

Dios pone miles de familias en mi camino; personas que él usa para que su obra perdure. Una comunidad me invitó a adentrarme en la selva peruana para llevar a cabo una labor de fe en lugares recónditos. Luego, oramos y sentí que fluía en mí la palabra, el don del conocimiento.

Pedí por Laura y su esposo, para que Dios les permitiera tener hijos. Pronuncié palabra de mandato, para que se expulsara todo espíritu de infertilidad en ellos dos. Envíe amor incondicional y luz sobre los ovarios y demás órganos femeninos de Laura, creyendo en fe, que ya estaban sanos. En ese momento me fue mostrada una visión, donde vi a esta pareja paseando por el parque, en compañía de un pequeño niño. Durante algunas semanas no volví a tener noticia de aquella pareja de esposos.

La víspera de mi viaje a Europa, se realizó una eucaristía, en la que se pedía por la sanación de distintas personas. Pronto el lugar se colmó de personas venidas de todo Perú, incluso de otros países como Chile, Ecuador y Colombia.

Una mujer joven vestida de blanco, caminó hacia la tarima de la mano de su pareja. De lejos los reconocí. Eran ellos.

—Adelante, ¿qué tiene que decirnos? —le dijo el presentador del evento de fe.

—Estoy aquí para dar testimonio. El buen Dios me ha sanado. Soy una mujer que no podía tener hijos. Tenía unas formaciones en los ovarios, que no permitían que yo pudiera concebir. Ahora, gracias a las oraciones del padre Camilo, vamos a darles una gran noticia: estamos esperando nuestro primer hijo. Se llamará Emanuel.

Yo al escuchar este testimonio simplemente levanté mis manos al cielo, y agradecí al Creador del Universo, por tanto amor y por tantos milagros.

GRACIAS. HECHO ESTÁ.

Capítulo I

TIEMPO DE MILAGROS

14.
CAMINANDO
SOBRE LAS OLAS

Sor Carmelina, una hermana misionera católica de la caridad en África y en Asia, sufrió un terrible accidente en su juventud. A partir de ese momento, tuvo que estar atada a una serie de aparatos ortopédicos para poder vivir. Había pasado por las manos de cientos de médicos en Sierra Leona, donde ocurrió el hecho, y en Portugal, país del que era oriunda. Era una situación muy complicada dado este padecimiento impedía su labor pastoral, haciéndole sentir una gran frustración, puesto que el fin de su vida era servir a su fe, evangelizando por el mundo.

Con ocasión de un congreso eucarístico que se llevó a cabo en Roma, tuve la oportunidad de conocer a Sor Carmelina. Me sorprendió el hecho de que a pesar de su edad, casi ochenta años, mantenía una gran vitalidad y una actitud siempre valiente ante las pruebas que tenía en su vida.

—Padre Camilo, es un gusto conocerle —me saludó— He escuchado mucho sobre sus dones de sanación y su método de milagros.

Le agradecí, pero le dije que yo lo único que hacía era ser un instrumento de la fe, que era la energía divina la que sanaba.

Durante la misa de sanación privada que celebré para algunos conocidos, elevé una oración por ella.

«Oremos por sor Carmelina, para que la Virgen y el Maestro de la misericordia Jesucristo, sanen su cuerpo junto con sus emociones.»

Pronuncié con autoridad palabras de mandato sobre sor Carmelina, cerré mis ojos, luego impuse mis manos sobre su cabeza, concentrándome y enviando toda la energía divina sobre los órganos enfermos, luego de esto, fui testigo de lo que Dios estaba haciendo en ella. Ante mí, aparecieron las moléculas, las células y las partes enfermas. Luego para asombro mío, sentí como una corriente de energía creadora, pasaba sanando todo lo dañado. Solo di gracias por tanta bendición. Creí en fe que estaba hecho. Todo es real porque yo le creo a Dios, y sé que Él nunca me abandona.

Al día siguiente, pregunté por la hermana Carmelina. Pero no había noticias de ella. Continuamos ese día con la realización de un círculo de milagros, al que acudieron muchas personas enfermas.

De pronto, alguien el momento de oración exclamó, «¡esto es un verdadero milagro!», se escuchó el grito.

Desde el atrio de la pequeña iglesia, cercana a la Via Batrletta, vi moverse una frágil silueta, que avanzaba hacia el altar, dando pasos titubeantes.

—Padre Camilo —Sor Carmelina dio su testimonio ante toda la gente que acudió al círculo de milagros— la fe ha insuflado en mí la sanación de nuestro Dios. He sentido su fuego purificador en mi cuerpo que me ha abrasado y me ha sanado. Me siento como Nuestro Señor Jesucristo, caminando sobre las olas. Amén.

GRACIAS. HECHO ESTA.

15.
NACIDO
POR LA FE

Me encontraba en Costa Rica impartiendo varios seminarios de practicantes de Ascended Master Method® para futuros sanadores y guías espirituales. Doy gracias al Creador del Universo, porque el método de entrenamiento holístico que Él me confió, está impactando el mundo.

En San José me esperaban dos estudiantes, Carlos y María. Aunque no vivían en el país Centroamericano, sino en Nueva York, ellos me dieron hospedaje en un apartamento que tenían en el centro de la capital, cosa por la cual yo me encontraba muy complacido y agradecido en el nombre de Dios. Luego de la gira que haría por la patria natal de ellos, volvería a Londres. Todo estaba yendo a pedir de boca.

Un par de días después, cuando me encontraba organizando todo lo necesario para las terapias de sanación y mis clases, en la que irían cientos de personas de todos los rincones de Costa Rica, María y Carlos discutieron airadamente. La pareja no podía tener hijos.

«Padre Camilo —me confesó ella—Haga una oración por mí, para ver si puedo quedar embarazada».

Yo cerré mis ojos, me conecté con mi yo interno y con el maestro Jesús de la Misericordia y de modo mental, decreté que el vientre de aquella mujer estaba sano por las llagas de Jesús. Gracias. Hecho está. Recuerdo que esta oración no duro más de un minuto, pero yo tenía la certeza de que el milagro estaba ya hecho, así que solo agradecí al buen Dios.

Durante el almuerzo en un restaurante típico costarricense, María hizo arcadas y una expresión de asco, su esposo le reclamó por su displicencia y actitud arrogante, cosa que nunca antes había manifestado.

—¿Pero qué te pasa, mujer? —le reprochó su esposo— ¿No está a tu altura este restaurante?

El incidente pasó sin pena ni gloria, pues yo medié entre ellos, y empezamos a hablar de experiencias que yo había tenido en mi país Colombia, la última vez que viajé.

María era una mujer que no podía tener hijos por un problema de miomas y quistes ováricos. Esta era una posibilidad que la pareja no tenía en cuenta, ya que estaban pensando seriamente en adoptar un niño.

El día anterior a mi partida, María se levantó con vómitos. Carlos se alarmó y pensó que podría estar enferma, por lo que llamó al doctor. El médico la examinó. No notó nada raro, pero le envío varios exámenes para descartar.

Al día siguiente, cuando preparaba ya mis maletas para viajar, llamó el doctor. Carlos habló con él y de un momento a otro, se quedó en silencio. Luego se sentó en el sofá y rompió en llanto. Qué pasó, le pregunté.

—Mi esposa, está embarazada.

La pareja se abrazó y María me dio las gracias porque cuando oramos, sintió el fuego purificador y sanador de Dios en su vientre.

GRACIAS. HECHO ESTÁ.

16.
DIOS ES CAPAZ
DE HACERLO

«Siento calor, padre, siento mucho calor», dijo el muchacho, así comienza este poderoso testimonio de lo que Dios, es capaz de hacer, aún contra todo pronóstico médico. El buen Dios tiene la última palabra, Él es fiel.

«Eso es porque el poder de Dios está obrando en ti», le respondí.

La explanada del coliseo del estadio de Ibagué, un municipio del Tolima en Colombia, estaba repleta de personas. Muchos oraban. Otros estaban en silencio, algunos oraban en oración de lenguas y daban entre ellos profecía. El resto, miraba fijamente al cielo con las manos en alto, pidiendo la ayuda divina, para que el cielo se abriera y llovieran sobre todos nosotros sus dones y carismas. Era algo increíble, porque ya se sentía la energía del amor en ese momento.

El muchacho, que tiene cerca de 16 años, estaba sentado frente a mí, mientras yo realizaba la oración de fe. Sus ojos negros, estaban clavados en el crucifijo y escuchaba atentamente. Sudaba, sudaba mucho. En su rostro había una expresión de sufrimiento intenso. Hacía mucho calor. La ropa se pegaba a la piel.

«En el nombre de Dios, por la sangre de Jesús, ordeno sanación y liberación para ti Pablo, expulso de ti ahora toda escoliosis. Ayúdame Virgen María de Guadalupe, Maestro Jesucristo de la misericordia, decreto y proclamo ahora en tu nombre que estás sano de escoliosis y envío esta dolencia a la luz de Dios —dije y alcé la mano ante el joven Pablo imponiéndola sobre su cabeza y acto seguido ungí aceite exorcizado sobre su cabeza—Luego di gracias. Estaba hecho».

Todo el coliseo entonó la oración de fe y luego hubo un canto- Yo sé que aquí todos los presentes le creemos a Dios.

Pablo me miró con un gesto de asombro. Sonrió. Su rostro se iluminó de repente.

—Padre Camilo, tengo mucho calor, siento que me arden las piernas y en mi espalda, como si me las estuvieran quemando.

Sin mediar palabra, el chico hace un esfuerzo para levantarse. Su madre llora, aterrorizada, pues piensa que su hijo se va a hacer daño. Nunca, desde que tenía cuatro años, había podido dar un paso por sí solo.

—Pablo. Levántate ahora, te lo ordeno por el nombre de Jesús —dije por el micrófono con gran emoción— En el nombre de Dios Todopoderoso estás sano ahora, y puedes caminar en fe.

El joven alzó las manos e intentó alcanzar algo que pareciera flotar delante suyo.

«Padre Camilo, mire, mire, la paloma blanca está encima», me dice.

Por un momento pensé que tenía fiebre y estaba delirando, pero no.

Pablo se yergue sobre sus brazos débiles y luego, se pone de pie, ante la incredulidad de su propia madre y de su papá, que era médico, se dirigió a la tarima donde estaba su hijo hasta hacía unos minutos, postrado en la silla de ruedas, y lo abraza, llorando de emoción por lo sucedido.

— ¡Dios es grande, Dios es fiel —dice ante el micrófono— gracias mi buen Dios…!

GRACIAS. HECHO ESTÁ.

17.
LEVANTO
MIS MANOS

—Lo que pidan, pídanlo con fe, y Dios los escuchará —le dije a la gente que estaba reunida en un salón en el barrio marginado de Tepito, en Ciudad de México.

Cientos de personas llegaron, acudían al lugar para la realización de un círculo de milagros. Todos tenían necesidades: unos, físicas y otras de tipo espiritual.

Un hombre muy escéptico, quien tenía una atrofia en el pie izquierdo y era chamán, se dedicó a intentar desprestigiar y hacer mofa de nuestra actividad sanadora.

«Esto es pura superchería —decía en tono burlón—He curado a más gente en toda mi vida, que la que puede ser curada aquí».

«"Por sus frutos los conoceréis"», respondí citando el Evangelio de Mateo.

Empecé la oración de fe que mueve montañas. Toda la gente se mostró muy receptiva a los ejercicios y meditación. Una mujer de mediana edad, que tenía un problema en un oído, luego de la eucaristía, se acercó al micrófono y dio su testimonio, que fue recibido con aplausos y alabanzas a Dios.

Al día siguiente, pensé que el chamán estaría de nuevo en la eucaristía para burlarse y hacer mofa. Sin embargo, no lo vi allí. Se me ocurrió preguntarle al asistente del evento, y me dijo que estaba enfermo. Así que pensé que sería un gesto de conciliación orar por su sanación, aunque no estuviera de cuerpo presente.

Elevé una oración por la sanación del chamán. Le pedí con gran autoridad y fe al Creador del Universo que ya estaba sano. Lo creí en fe.

Luego me dirigía al barrio de Tepito a celebrar mi última eucaristía en la hermosa Ciudad de México, donde tantas personas han sido curadas por obra y gracia de la energía divina, cuando a la entrada de la sala de reuniones que nos alquilaron, me detuvo alguien.

—Padre, padre Camilo —me llamó la voz, entre emocionada y avergonzada.

Al girarme, vi al chamán. Debo confesar que pensé que estaba allí para lanzarme en la cara sus diatribas acerca de las eucaristías de sanación.

—Anoche, me encontraba muy enfermo en mi cama —me dijo el chamán—Tenía fiebre y un gran dolor de cabeza y de espalda. No podía dormir, ni comer. Cerca de las seis de la tarde, empecé a sentir un gran calor que me abrasaba. Pensé que era la fiebre. Sudé mucho. Pero luego de varios minutos de sentir el calor por todo mi cuerpo, principalmente en mi cabeza y mi espalda, desapareció junto con la fiebre. Dormí, al despertar pensé que todo había sido un sueño. Esa misma noche, la señora Lupe, mi casera, me dijo que usted había hecho una oración por mi sanación. Se lo agradezco mucho, padre —tomó mis manos y las besó, piadosamente.

GRACIAS. HECHO ESTÁ.

18.
TODO ES POSIBLE
SI CREES

Canadá es un país donde hay mucha fe. En el mundo no es conocida la piedad de los canadienses. El padre Smith me invitó a ir a Ottawa para realizar una serie de eucaristías y terapias de sanación holística.

—La gente anhela aquí la fe y la sanidad, padre Camilo —me dijo el padre Smith— Usted debe venir aquí para dar testimonio.

No había estado en Canadá, a pesar de vivir mucho tiempo en Londres. Era necesario empezar a transmitir los dones y carismas, para permitir que la palabra de vida a través de la fe. Solo en la fe es posible conseguir sanidad, discernimiento y otros dones que nos son dados por el Creador.

Cuando entramos junto al padre Smith a un pequeño salón —relativamente, quiero decir, pues cabían allí perfectamente doscientas personas—sentí la energía y la bondad de la gente de Canadá. Me habían ido a recibir personas con graves enfermedades, algunas desahuciadas por la medicina moderna; otras, llevando el lastre de una penosa enfermedad durante años, en nombre de su fe en el maestro de la misericordia Jesucristo y en Dios.

—Tiene usted fama de ser milagroso, padre Camilo —me saludó una mujer anciana, de ojos azules y cabello blanco, quien caminaba aferrada al brazo de su nieta.

Le dije que yo solo era un instrumento y que "todo lo podemos en Dios, que nos fortalece", afirmé.

Ascendí al púlpito del salón y comencé a orar con palabra de mandato y de fe que mueve montañas. A pesar de ser un día de invierno, a fines de noviembre, una luz blanca parecía colarse por los vitrales del lugar, insuflando la fe y la sanidad.

Levanté las manos y oré por la sanidad de los enfermos. En otro momento de la oración, descendí hasta la primera fila donde estaban los más graves. Una mujer joven, que estaba sentada en una silla de ruedas, me sonrió. Su madre me dijo que tenía un carcinoma cerebral. No había esperanzas de recuperación, según los médicos.

Recuerdo que desde niño mi madre me decía que yo era muy atrevido y osado, porque me arriesgaba a realizar cosas que mis hermanos no hacían por miedo. El miedo no hace parte de mi vida, yo le creo a Dios, y estoy realizando mi propósito divino, soy muy feliz y mi alma se siente plena.

—Yo te digo a ti que lees mi libro, que siempre hay esperanzas si tienes fe en que Dios es capaz de hacer lo que prometió, porque yo le creo, Él es el dueño del Universo, y ¿qué tanto es para Él dar sanación y liberación a todos sus hijos?

Al finalizar, la madre de la joven me llamó para decirme que su hija sentía un calor desesperante en el cuerpo. Un calor que nunca había sentido antes. «Santo Dios —contesté— Ese es el fuego y la mano sanadora del Creador».

Semanas después la madre de la chica me llamó y pude hablar con su hija. El mortal carcinoma, había desaparecido, estaba curada.

GRACIAS. HECHO ESTÁ.

19.
LA FE ACTIVA EL
PODER DE DIOS

La consagración a Dios y la fe son importantes para tener los dones y carismas. Juan bautizó al maestro de la misericordia Jesucristo entrados los treinta, poco antes de completar su misión sobre la Tierra. Así que la edad no es ningún problema ni inconveniente para recibir la unción divina para que realices tu propósito de vida.

Un chico llamado John, de apenas cinco años, estaba muy enfermo en un hospital de Londres. Me buscaron sus padres, puesto que un capellán amigo mío, les había dicho que yo tenía el don de la sanación y liberación. La primera pregunta que les hice, antes de cualquier cosa, fue si ellos tenían fe.

—No, padre Camilo, ninguna —respondió su padre.

Apunté que resulta muy importante realizar la consagración a Dios, previamente a realizar cualquier oración para pedir por el don carismático de la sanación.

Concertamos que la consagración se haría al día siguiente en el hospital donde se hallaba internado John. El niño se encontraba en un estado delicado y apenas reconocía a sus padres.

—Tu nombre, John, es el mismo de quien bautizó al maestro Jesús de la misericordia, en las aguas del Río Jordán, hace más de dos mil años —saludé al niño, quien me miraba con sus ojos entrecerrados— Yo te bautizo y consagro a Dios y te nombro John Radcliffe. Que Dios derrame sobre ti, la sanidad y te proteja. Amén. Gracias. Hecho está.

Un par de horas después, recibí la llamada de su padre. No entendí muy bien lo que me estaba diciendo; me volvió a llamar su esposa: «Gracias, padre Camilo —dijo con voz entrecortada por la emoción y por el llanto— Mi hijo ha respondido. Despertó un par de horas después de la consagración y el bautismo y me dijo que sintió como un calor intenso le recorría el cuerpo y lo sanaba. En menos de una semana, ha dicho el médico, podrían darle de alta.

Este milagro me conmovió profundamente por su sencillez, ya que el amor y la sanación divina se manifestaron, sólo con derramar agua en la cabeza del niño enfermo.

GRACIAS. HECHO ESTÁ.

20.
EL MUNDO
ES MI CASA

La comunidad de Dublín es una de las más católicas de toda Europa. El padre Finney me pidió como vocero de su comunidad, que, por favor, fuese a realizar algunas eucaristías de sanación y liberación. «Las misas aquí son multitudinarias, padre Camilo», me contaba el padre Finney. «La comunidad estará contenta de escuchar su testimonio y de su oración de fe para que tengan milagros, quienes más lo necesitan».

Viajé desde el norte de Inglaterra, hasta Irlanda del Sur, un país con una gran tradición, que se remonta a varios siglos atrás. Las campiñas verdes me trajeron un sentimiento de paz y de esperanza. Cuando llegué a la bella capital, Dublín, la gente me recibió como si hubiera vivido allí siempre.

Me impresionó la cantidad de personas enfermas que había. Personas con problemas pulmonares y con malformaciones, artritis y cáncer, principalmente. Niños con enfermedades huérfanas y autoinmunes, etc.

—El pueblo está ávido de Dios, de fe y de milagros, por sobre todas las cosas, padre Camilo—se dirigió a mí otro sacerdote, el padre O'Heary.

—Esta es su casa, padre Camilo—me saludó el padre Finney.

—El mundo es mi casa, —repliqué sonriendo.

Una persona que decide dedicarse a la oración de fe, para que sucedan milagros no tiene casa permanente aunque la tenga, porque serán tantos los viajes que realice por el mundo, que debe aprender a sentirse como en casa, en donde quiera que se encuentre.

Por eso yo siento que el mundo es mi casa, porque Dios está en todos lados, y sobre todo la certeza de su amor no defrauda, porque Él es totalmente fiel.

Empezamos poco después del mediodía el círculo de milagros. Una mujer de unos sesenta años, caminaba penosamente con la ayuda de dos muletas, había sufrido una aparatosa caída en el ático de su casa, y desde ese momento, había quedado limitada a las muletas.

«Creador del Universo, te damos gracias por permitirnos estar aquí, con tu pueblo de Irlanda —inicié la oración de fe que mueve montañas— Te pido sanidad para todos, en el nombre de la Virgen María, el maestro de la misericordia, Jesucristo. Gracias. Hecho está».

La mujer enferma en ese momento, sintió mucho calor en todo su cuerpo, comenzó a sudar a chorros, y de repente escuchó una voz interna que le hablaba, camina ahora... estas sana por mis llagas y por mi sangre.

La mujer soltó las muletas de repente y caminó hacia el púlpito. Estaba sanada por el amor de Jesús de la misericordia.

—Bendito sea, padre Camilo. El fuego del amor de Dios me ha sanado. Su cálido abrazo me acogió y me libró de las muletas —dijo entre sollozos.

Simplemente cada vez que veo un milagro de los millones que he presenciado, es para mí un espectáculo, porque siento el respaldo de Dios en mi vida. Cada milagro es una novedad, cada sanación y liberación resulta ser la confirmación de mi propósito divino.

Muchos piensan que no pueden orar, porque Dios no los escucha, puesto que no son personas morales o santas, pero según mi experiencia, los grandes milagros suceden es por la fe, aquella fe que mueve montañas, aquella fe que cambia el mundo y la vida, dando una nueva mirada a la realidad.

Cualquier persona está en capacidad de canalizar la energía divina, para que los milagros sucedan, todos pueden hacerlo, solo basta desarrollar este tipo de fe y entrenarse para aprender la metodología.

Te invito para que conozcas mi método: Ascended Master Method® el cual mediante inspiración divina, he creado para desarrollar los dones y carismas y así activar el poder de Dios para lograr grandes sanaciones instantáneas. Dentro de los seminarios, algunos son sobre cambio de creencias limitantes, liberación espiritual, sanación crística biomolecular, manifestación y abundancia y otros más, que harán que desarrolles tu máximo potencial, para que puedas crear tu propia realidad.

Tú eres una persona increíble, un ser maravilloso, lleno de luz y energía divina, que puede lograr lo que se proponga. Estás hecho para la grandeza, atrévete a dar este salto cuántico.

GRACIAS. HECHO ESTÁ.

21.
EL ASOMBRO ANTE
LO BELLO Y ETERNO

Atlanta es una ciudad piadosa. Desde hace varios años, se celebra allí lo que se llama el día de los milagros. Aunque no es solamente un día, se reúnen personas de todo tipo de credos, incluso adventistas, evangélicos, pentecostales, etc., para recibir el don carismático del Espíritu Santo, que incluye la sanación.

Miles de personas piden a Dios, haciendo oración desde el día viernes, hasta el domingo, que es el día de la Resurrección y el día consagrado a Dios.

Del mismo modo, se hacen bautismos, unción de enfermos y liberaciones espirituales. En esta ciudad hay muchos muchachos jóvenes que han caído en posesión demoníaca, por jugar con la llamada tabla ouija o por realizar actividades de dicha índole.

Un pastor evangélico llamado José Rodríguez, lleva a la Eucaristía a los enfermos que él conoce, porque sabe que Dios actúa poderosamente a través mío, utilizándome para realizar grandes obras y milagros. Yo siempre digo, no soy yo, sino que es el Dios de la vida, el que hace los milagros. Aunque haya diferencias, siempre está el amor a Dios y a la fe.

«Esta gente necesita a Dios para ser curada», apuntó José.

Tenía mucha razón. La falta de fe en Dios y en ellos mismos, son un problema que afecta a muchas personas hoy en día. Esto produce no solo desesperanza, sino enferma el espíritu, incluso el cuerpo.

Me sorprendió que al teatro donde se llevaban a cabo las misas, llegaban muchas personas que estaban desahuciadas por la medicina. Llegaban buscando el consuelo en la fe de Dios.

—Quiero la unción extrema padre Camilo, la que se le da a los enfermos de muerte —me pidió un chico de menos de veinticinco años, enfermo terminal por un tumor maligno.

La extremaunción es el sacramento final, el último, para ir al encuentro con Dios, al momento de dejar este plano de existencia.

—No digas eso, amigo —le respondí— Dios quiere para ti cosas grandes. Ten fe que te salvará y te dará gran vida y salud, porque Él siempre es fiel.

El joven me pidió que le impusiera las manos en su cabeza. Hice la señal de la cruz sobre su frente, le ungí aceite exorcizado y cerró los ojos, luego entró como en estado de shock, se sentía en el lugar la presencia de Dios y una paz increíble. Yo sentía fuego en mis manos, era como si tuviera brazas de carbón, pero yo sabía que era el fuego del amor de Dios, estaba pasando, sanando. Recuerdo que es muy característico este calor, cuando ocurren algunas de las sanaciones.

«Padre Camilo, sentí una oleada de calor que iba desde mis pies a mi cabeza me dice el chico. En ese momento perdí el sentido y me elevé a un lugar lleno de luz, con olor a flores», me dijo el muchacho.

Unas semanas después, su reporte de control médico arrojó que: "El tumor maligno, estaba remitiendo, de manera extraña y misteriosa"

Hoy este chico está sano, y ya es papá de una pequeña niña llamada Andrea.

GRACIAS. HECHO ESTÁ.

22.
AHORA VEO

En las enseñanzas que nos dejan los Evangelios, quizás los pasajes más impresionantes tienen que ver cuando el maestro de la misericordia, Jesús de Nazaret, cura a muchos enfermos, entre estos a los ciegos.

Carolina, era una muchacha de dieciséis años que había perdido la vista a causa de un progresivo tumor que crecía en sus globos oculares. La ciencia no había podido dar con el misterio que le cegaba la luz de los ojos a esta muchacha. Sus hermosos ojos color verde, se fueron tiñendo con una sustancia blanquecina que le impedía ver cualquier cosa. Primero, su madre la guiaba, pero luego, la muchacha tuvo que valerse de un perro lazarillo que era sus ojos.

Mientras estoy en Colombia, suelo ir de ciudad en ciudad para hacer las misas de sanación. Cuando viajé a Neiva, un bloguero sensacionalista se enteró y decidió hostigar las eucaristías de sanación. En la entrada de la iglesia, abordó a Carolina y le preguntó, sin ningún tipo de tacto, «cuánto era lo que le había pagado el cura Camilo, para hacerse pasar por ciega»

Tuvo que mostrarle los certificados médicos para que diera fe que en verdad no podía ver. Durante toda la eucaristía estuvo grabando y registrando para mostrar, según él, que todo era una vil mentira.

Pedí sanación y liberación por Carolina y por todos los enfermos en ese lugar de cuerpo presente, y para los enfermos graves que no podían asistir.

Sabía que Dios tenía un plan, y que se manifestaría poderosamente en aquel lugar para asombro y conversión de muchos. Recuerdo la frase que siempre digo, y es que Dios está presente en todo lugar, pero en todos los lugares no actúa de la misma manera, sino que actúa poderosamente donde más se le cree.

Por esto es de vital importancia en la oración de sanación pedir creyéndole a Dios, mediante decretos, teniendo la certeza de ya haberlo recibido en fe, y agradeciendo por el milagro aunque todavía no sea una realidad material, pero ya es una realidad espiritual desde la fe.

YO creo que las personas deben aprender a orar y por esto a ti que lees mi libro, te invito para que te des la oportunidad de entrenarte como persona de oración y fe, en mi escuela Ascended Master Method®, te digo con toda certeza que tu vida cambiará y verás lo que son milagros. Todos tenemos el poder de sanar, canalizando la energía divina, esto es un derecho que el mismo Dios nos ha concedido y que debemos usar para bien de la humanidad y del planeta.

Prosiguiendo con este testimonio, recuerdo que se escuchó un fuerte grito en plena celebración de la misa, que invadió el lugar de una energía de fe, era increíble, se sentía que Dios estaba realmente presente en aquel sitio junto con toda la corte celestial y la Virgen María de Guadalupe.

—¡Dios mío, padre, Dios mío! —se escuchó un grito— Soy Carolina… ¡Ahora veo, veo! El fuego purificador de la mano de Dios, me ha devuelto la vista.

En el testimonio Carolina manifiesta que sintió durante la oración que alguien le puso las manos en sus ojos, al instante sintió un profundo calor que le quemaba y le hacía sudar profundamente todo su cuerpo, fue en ese instante cuando escuchó una voz amorosa que le decía "puedes ver, abre tus ojos" en ese momento lentamente los abrió y la luz ingreso a sus ojos recuperando la vista en ese momento. Esto fue un gran milagro porque en fe, sé que fue el mismo Jesús de la Misericordia, quien puso las manos en Carolina para sanarla de sus ojos.

Un médico oftalmólogo pudo dar fe del milagro; el bloguero que se mostraba tan escéptico, confesó había cambiado su visión sobre estos hechos de fe y se convirtió en un asiduo feligrés y hombre de fe.

GRACIAS. HECHO ESTÁ.

23.
EL TIEMPO DE
DIOS ES PERFECTO

En el Evangelio según Juan, Marta, la hermana de Lázaro, al encontrarse con el maestro de la misericordia Jesucristo, le reprocha el por qué no se encontraba en el momento de la muerte de éste. Jesús le dice que lamentaba no haber estado ahí, pero que, de cualquier manera, quien tuviera fe en él y en las obras de su padre, viviría eternamente a pesar de estar muerto. «¿Verdaderamente lo crees?», le preguntó a Marta. Ella le dijo que sí. Jesús le dice que, por la gracia de su fe, su hermano estaría con ella al día siguiente.

Siempre les digo a las personas que me visitan que hay que tener en cuenta los planes de Dios para con nosotros, y no preguntarnos la razón, pues su tiempo es perfecto. ¿NO preguntarnos por qué? ¿Sino para que´?, esto cambia el propósito de la misma enfermedad y nos hace más cercanos para poder sacar o extraer el aprendizaje de dicha situación de dolor o limitación.

Así como en un libro, cada personaje tiene su historia, de la misma manera, en la vida de cada uno de nosotros las cosas que suceden, tienen un sentido en la totalidad del plan. Ese es el tiempo y el plan de Dios para con cada uno de nosotros.

Un testimonio de fe, fue el que pudo dar un hombre de la ciudad de Mocoa, Putumayo, en Colombia. Don Luis Cortés era un hombre de costumbres espartanas, muy sanas y de grandes virtudes. De un momento a otro, empezó a tener ataques de tos sin ningún motivo. Pensó que era un resfriado corriente. Acudió entonces al médico para un examen de rutina, pero se llevó una tremenda sorpresa, cuando el doctor le dijo que los exámenes habían arrojado un cáncer pulmonar avanzado.

Tuvo que ser llevado a un hospital especializado en Bogotá, donde fue internado. Para alguien acostumbrado a levantarse todos los días a las tres de la mañana y acostarse a las diez, esto era muy duro.

Su hija, Gloria, quien es muy activa en la comunidad carismática, se contactó conmigo muy preocupada por el destino de su padre. Me pidió que hiciera una oración por él para su sanidad física y espiritual.

Yo me encontraba en Londres en ese momento; me resultaba imposible viajar hasta Colombia, y ni qué decir, hasta Putumayo, por la pandemia por coronavirus que se declaró.

«Es vital que lo ayude padre Camilo, por favor», me pidió Gloria.

Así que acordamos una cita a través de una plataforma de llamadas online. Esto resultaba ideal, ya que su padre podía estar presente de manera virtual.

«En el nombre del maestro de la misericordia Jesucristo, te pedimos, señor Dios Todopoderoso, que otorgues sanidad a tu siervo Luis Cortés. Decreto y proclamo en fe, las llagas de Jesús, la sangre de Jesús, el nombre de Jesús y los clavos de Jesús, que se retire ahora la enfermedad de cáncer de pulmones de Luis, y la envió a la luz de Dios. Le ordeno en fe, que sus pulmones están sanos y limpios de cáncer ahora por las llagas de Jesús, gracias hecho está. Que así sea, amén», lo mencioné en la oración.

En ese mismo momento en que realizaba la oración de fe que mueve montañas, Luis, al otro lado de la cámara comenzó a sudar, sentía mareos y ganas de vomitar. Yo sabía en fe que Jesús estaba actuando, porque está VIVO y tiene el poder de cambiar la realidad física para bien nuestro.

El equipo médico quedó impresionado de cómo la gravedad de la condición del padre de Gloria Cortés, remitía día a día. Finalmente, recibió el alta en menos de dos semanas.

Algo importante de todo el proceso de sanación y milagros, es que la oración de fe cualquier persona puede hacerla, esto de orar y ver milagros no es porque yo tenga dones especiales, o sea un santo. Esto lo hago en nombre de Jesús con Fe y Él simplemente actúa. Así que tú también puedes canalizar esta energía sanadora, sólo necesitas aprender y estarás listo en unos pocos días.

Dios escucha nuestra oración es por la fe; no por nuestra moralidad y santidad, contrario a lo que nos han enseñado, que sólo lo santos pueden orar...Esto es una gran mentira, porque si no nadie pudiera orar a Dios, porque todos somos pecadores e inmorales de algún modo.

Aquí lo repito: lo importante es la fe, Dios escucha al que tiene FE. ÉL obra según sea tu fe, no tu moralidad.

GRACIAS. HECHO ESTÁ.

24.
DIOS DE MILAGROS

Dios está vivo porque actúa y su amor se manifiesta en dones carismáticos como la sanación y liberación espiritual. El maestro de la misericordia Jesucristo, ofrendó la vida por nosotros y por eso, podemos gozar de la vida eterna aquí y ahora. Existen signos prodigiosos que demuestran su gran amor por nosotros. Jesucristo está vivo; esto se demuestra en la eucaristía y su presencia en real forma de pan (cuerpo) y vino (sangre). Jesús quiere que estemos sanos y que nuestra vida tenga propósito. Dios, como un buen padre, desea que sus hijos estén alegres y sanos de toda dolencia y hace todo lo posible por ayudarles para que evolucionen y prosperen.

Del mismo modo que el maestro Jesucristo de la misericordia, curaba ciegos, sordos, enfermos, liberaba posesos y resucitaba muertos ante la mirada de cientos de personas en su natal Nazaret, ahora podemos ver los grandes prodigios que se realizan en su nombre, porque esa es su promesa: que estará con nosotros todos los días hasta el fin del mundo.

Del mismo modo que los hombres de buen corazón de Samaria, repetimos:

«Nuestros ojos pueden dar fe de lo que han visto. No tienen que contárnoslo otros, sino que nosotros tenemos que dar testimonio, de lo que hemos visto y oído».

He visto y muchas personas, miles, han podido dar fe, ser testigos del amor de Dios en el don carismático de la sanidad y la liberación.

He visto ancianas en silla de ruedas que se levantan y caminan; sordos que recuperan el don del oído; desahuciados que tienen una segunda oportunidad de vida.

Un hombre que estaba dado por parapléjico, se levantó y dio gloria a Dios, ante nuestros ojos.

—Proclamo que soy testimonio de que Jesús está vivo —dijo— doy gracias a Dios ¡ÉL nos ama. ¡Es amor!

GRACIAS. HECHO ESTÁ.

25.
FE Y CIENCIA ESTAN UNIDAS

Siempre ha existido una gran polémica por la discusión entre fe y ciencia. En América Latina, principalmente en mi país natal, Colombia, donde la fe de las personas es muy grande, en los últimos años se crean debates y polémicas entre sectores de la religión y la academia, que avivan esta discusión.

He podido ver cómo la gente acude en masa a los eventos que he organizado en las ciudades de Colombia: en Bogotá, principalmente, tengo un recuerdo vivo de lo sucedido en el conocido antiguamente como Coliseo El Campín. Este era el más grande y el punto de reunión masiva de mayor importancia hasta hace poco.

Realizamos un evento, en que celebraríamos misas de sanación, liberación espiritual, sería un poderoso evento de milagros, donde contemplaríamos la gloria de Dios.

Durante un largo fin de semana, que en Colombia se conoce como "puente festivo" y comprende los días sábado, domingo y el lunes festivo, gran parte de las personas suelen viajar a los pueblos y ciudades cercanas. Pero otras, de mucha fe, asisten a eventos donde se aviva la fe en Dios y Cristo, el maestro de la misericordia.

A este evento acudieron muchas personas. Para dar cuenta de lo ocurrido allí, una revista envió a un filósofo y sociólogo para cubrir este evento, como algo simplemente, llamado por ellos como "fenómeno sociológico". Si prestamos atención al fundamento de esta ciencia social, se verá que estudia los fenómenos derivados de las actividades de las sociedades humanas, así como sus patrones y sus estructuras y símbolos.

Esto no tiene nada de malo, dado que las eucaristías están abiertas, pues no se trata de una secta ni nada por el estilo. Este académico, tenía una idea muy diferente de la que cualquier persona puede tener sobre nuestras reuniones. En los artículos que publicaba, se refería al "fenómeno de la histeria colectiva" que suscitaban los movimientos religiosos en un país supuestamente laico.

Dado que era muy alto el flujo de personas, algunas se desmayaban por el excesivo calor que hacía dentro del coliseo y las largas esperas de pie en la fila. Enfermos esperaban ser sanos; los poseídos por el diablo, liberados de su sufrimiento.

Totalmente escéptico al respecto, asistió en su primer día. Esperaba poder tomar nota atenta de todos los fenómenos que vería y demostrar que simple y llanamente eran producto de la sugestión colectiva.

El primer día, el sábado, escribió en su columna:

«Entré al espectáculo y me formé con los miles de feligreses y fanáticos religiosos que acudieron al Coliseo El *Campín para escuchar una misa en un espacio cerrado. Se atenuaron las luces y resonó la voz del cura. Los llamó a todos a oración. Invocó a Dios y todos entraron en una especie de paroxismo. Me concentré en mi tarea de tomar nota, intentando dejar de lado cualquier sugestión o influencia colectiva.*

» En el punto más álgido de la oración, no puedo negar que empecé a sentir una sensación de calor que recorría mi cuerpo. Ha de ser la gran cantidad de personas, me dije, intentando darme calma y apelando a mi racionalidad, siempre. Pero el calor no cesaba. Empecé a tener dolor de cabeza y en un momento que no puedo determinar, perdí el sentido y me desmayé.

Al volver a recobrar mi conciencia, me percaté que una joven que estaba a mi lado, en silla de ruedas, ahora saltaba y gritaba, presa de la emoción. "Me he curado, Dios mío, estoy curada". Tenía que desvelar la farsa.»

Durante su trayecto a casa, dice que mientras iba en su carro, tuvo un momento de epifanía. Una luz lo enceguerió, y por poco se mata. El carro sufrió daños menores. La moto que iba delante suyo, recibió el impacto del choque. Es noche tuvo un sueño. Dios le estaba dando otra oportunidad. Al otro día, fue al Coliseo y me lo confesó. Hoy es un hombre renovado en la fe.

Las personas de hoy son muy racionales-lógicas, y esto es bueno, porque yo también lo soy, pero una cosa es ser una persona de ciencia y otra un ateo o alguien que excluye a Dios de la vida.

Recuerdo que grandes hombres de ciencia eran creyentes en Dios y gracias a ello sus vidas se sostuvieron en todo momento, porque el amor de Dios, nos hace ver la realidad de un modo muy positivo, porque nos sentimos amados por Él, así que ninguna cosa negativa puede destruir nuestra esperanza, porque nuestra vida se sostiene en lo eterno y lo verdadero.

GRACIAS. HECHO ESTÁ.

26.
HAY UN GRAN
MILAGRO PARA TI

El poder de la palabra de Dios, tiene que ver con la manera en la que se comunica a los otros. Si bien los dones carismáticos pueden serle dados a cualquiera que tenga fe; es necesario tener la vocación del kerygma (del griego, el que es el emisario), esto es, quien tiene la voluntad de proclamarse como un predicador y un sanador, tendrá ya de hecho un don del Paráclito o Espíritu Santo. Es necesario tener la triple presencia: en el Padre, el Hijo y el Espíritu Santo, para poder comprender el kerygma primitivo, es decir, el que tuvieron en revelación los apóstoles y la Madre del maestro de la misericordia, María Virgen; es decir, volver a experimentar la fuerza de ese primer anuncio, regresar a la raíz misma al origen.

La efusión en el Espíritu Santo es esencial, puesto que es el paso inicial para comprender el misterio de la divinidad. Quienes lo han recibido, puedo dar fe de ello a lo largo de mi labor como sanador y terapeuta, cambian su vida radicalmente para su mayor y más alto bien.

Es necesario renovarse en el Espíritu para entender la dimensión. El entrenamiento en los dones y carismas que se hace en mi escuela Ascended Master Method®, intenta que se viva una experiencia personal con el Creador del universo, que trasciende incluso al conocimiento intelectual. Hay que reconocer en qué consiste la renovación espiritual, cuando se reciben los dones del Espíritu. Solo existe un camino.

Contaré una anécdota que pueda aclarar mejor la idea.

Cuando nos encontrábamos realizando círculos de milagros por el Norte de África, llegamos a un mercado donde ofrecían un plato exótico hecho de dátiles, arroz y otras especias.

Nadie se atrevía a pedirlo, por puro prejuicio cultural. Me hice entender con un hombre que comía con avidez.

«¿A que sabe? ¿Sabe bien?» El hombre me indicó con sus gestos, que lo probara. Esa era la única manera de saber si estaba bueno el plato o no.

Es necesario vivir en carne propia la experiencia de Dios en tu vida, para poder dar fe de los milagros y del poder de esta vibración. No existe otra alternativa. La única manera de vivir la fe es en la fe misma. Esto no lo entienden muchos que hacen crítica constante y la estigmatizan. No se puede rechazar lo que no se conoce.

Es necesario vivirlo para poder dar testimonio de fe.
GRACIAS. HECHO ESTÁ.

Capítulo 2

DIOS DE LO IMPOSIBLE

27.
DIOS TE RESPALDA POR TU FE

No podría decir cuántas veces he sido literalmente salvado por Dios, pero han sido millones los momentos donde he sentido su amorosa y poderosa presencia. Esto podría ser entendido de manera metafórica, pero no es así. Voy a explicarles por qué.

En un viaje que hice a Nueva York, me encontré luego de varios años con un gran amigo, el padre Patrick. Caminamos bajo la nieve por el Central Park y nos detuvimos a ver el gran árbol navideño que se pone cada año en Rockefeller Center. Tomamos un café para el frío y hablamos.

— ¿Has tenido la sensación, Camilo —comentó el padre Patrick, ¿mientras daba sorbos al café humeante— que Dios camina siempre a tu lado como tu sombra?

Rememoré las ocasiones en las cuales me había visto perdido en circunstancias infortunadas, como cuando ves la muerte cerca o inclusive cuando tienes un gran problema.

Comencé a abrir mi corazón y le conté al padre Patrick, una situación que había vivido. Unos cuantos años atrás, durante mi misión pastoral, trabé amistad con una comunidad en una ciudad pequeña. Una mujer joven, me pidió el favor que la confesara. Yo le inspiraba confianza a ella y sentía que podía contarme cosas de su vida privada. No había en lo absoluto ningún tipo de sentimiento hacia ella de mi parte, y estoy seguro, que tampoco de su parte hacia mí.

Dada la cercanía a la comunidad, la pareja de esta mujer empezó a celarla y a sospechar de mí. No le di importancia a la advertencia que me hicieron. En una ocasión en que llegaba a mi casa, noté que frente a esta había una moto estacionada con dos hombres a bordo. Uno de ellos descendió y se acercó a mí.

«No se acerque a Rosa —advirtió con voz intimidante— Váyase del pueblo, le doy dos días. Si lo vuelvo a ver cerca de ella, lo mato».

Aunque fue una situación que me aterrorizó, no pensé en irme del pueblo nunca. Rosa me llamó y me pidió perdón. Le dije que no tenía por qué hacerlo. Estaba cumpliendo mi labor.

Un par de días después, durante la Eucaristía. En la que estaba un gran porcentaje del pueblo reunido, llegó Rosa. Me dijo que se sentía muy avergonzaba por lo sucedido. Le dije que no se preocupara, que se sentara y orara con toda la comunidad.

En medio de la comunión, hizo su entrada aquel hombre que me hizo la amenaza de matarme, dos noches antes. Se quedó observando desde el atrio y luego de la paz, empezó a acercarse al altar.

«Dios mío —le pedí— Protégeme con el manto y la sangre de Cristo de todo mal y peligro».

El hombre parecía dubitativo, carcomido por un sentimiento de odio. Pensé que estaba esperando el momento preciso para dispararme y acabar con mi vida, como le sucedió al Monseñor Óscar Romero, quien murió celebrando misa en el país El Salvador, cuando fue asesinado por motivos políticos.

Finalmente, el hombre esperó que terminara la misa y se acercó a mí. Se arrodilló. Me pidió perdón, con lágrimas en los ojos. Me dijo que le ayudara puesto que era una persona insegura y celosa. Haber dudado de mí, de un hombre como yo, un sacerdote, le había hecho reflexionar.

—Ayúdeme, padre, por favor, se lo pido de corazón.

Decidí perdonarle y nos reunimos con su mujer, Rosa. Decidieron que se casarían. Yo los uní como marido y mujer bajo la sangre de Cristo. Ahora tienen una hermosa familia. La sangre de Cristo y el amor de Dios, redimió a ese hombre enfermo.

No hay que dudar, siempre estuve a salvo, bajo la sombra protectora de Dios.

GRACIAS. HECHO ESTÁ.

28.
ORANDO CON
FE DE MILAGROS

Pensamos que la fe es algo que es sólido como un bastión, pero en ocasiones, al ponerla a prueba podemos comprobar, que parece más un castillo de arena. Hace una cantidad de años, justo cuando me encontraba haciendo mis primeros círculos de milagros y misiones, tuve la fortuna de hallarme en un pueblo en la selva del Perú. Era un lugar increíble, que parecía salido de una película. La selva, el río y los animales, todo estaba en orden, manifestando la gracia de Dios.

Dentro de todas las personas que conocí durante aquel viaje a las selvas peruanas, había un muchacho llamado Sandro. Desde el primer momento en que lo conocí, me impresionó su aspecto un tanto misterioso. Era escueto de palabras. Pensaba cada cosa que decía. Pero sobre todas las cosas que me causaron gran impresión, estaba su fe. Estaba tan resuelto en la misión que debía cumplir, que no titubeaba para hablar. Lo primero que pensé es que aquel muchacho desgarbado y de mirada oscura, tenía el don de revelación profética. El Espíritu Santo había derramado sobre él la virtud de ver más allá, de tener discernimiento y entendimiento de las cosas divinas, que son ocultas para muchos.

Cabe recordar que la profecía, es un don que proviene del Espíritu Santo, es Dios mismo que lo infunde en todos nosotros, para el mayor y más alto bien del planeta y de nosotros mismos. Los dones y carismas de Dios, todos podemos entrenarlos, no hace falta ser un santo para esto, sino tener el corazón abierto para vivir las gracias que haz recibido. Dios es fiel y es nuestro derecho divino que podamos evolucionar en conciencia. El universo está conspirando a cada momento a tu favor. Recuerda que en mi escuela Ascended Master Method®, al realizar los seminarios tanto en la modalidad de practicantes e instructores, podrás desarrollar al máximo todo el potencial que hay en ti, porque eres un ser de luz increíblemente amorosa y bendecido.

Retomando la historia me dijo Sandro:

—Usted ha de ser Camilo —me saludó extendiéndome la mano—, mucho gusto, mi nombre es Sandro Mamani Cerna.

Lo bendije, le instalé amor incondicional y luego de un rato de charla, conversando sobre la labor que llevaba a cabo, dijo algo intentando dirigirse a mí.

—Lo que yo sé, sin dudarlo —acotó mirándome a los ojos— es quien tiene una verdadera fe y quién no

Quise retarlo y le lancé

—Hermano, ¿piensas que yo soy un hombre de verdadera fe?

—Ha tenido momentos de flaqueza, sí. Justo ahora, está dudando de si yo soy o no un verdadero hombre de fe.

Ese encuentro me dejó con una sensación inquietante respecto al muchacho.

Dejé de pensar en ello y me concentré en organizar las eucaristías, con la comunidad que estaba ávida por alimentar su fe. Sin embargo; en las noches, me inquietaba la última conversación con aquel muchacho misterioso. Este muchacho luego se me presentó en sueños y me dijo.

«—Camilo, usted no tiene fe —me decía Sandro, arrebatándome de las manos La Biblia en aquel sueño.

—Pero ¿cómo se atreve a decirme eso? —lo encaré con verdadera rabia en mis ojos—. Soy un sacerdote. ¿No lo entiende? Estoy investido y sirvo a Dios con verdadera fe.

—Eso no es fe —repitió.

— ¡Pero, ¿cómo?! Esto parece un mal chiste —exploté.

—La fe no tiene que ver con ser investido sacerdote o usar cuello clerical. Es un don carismático; eso solo Dios lo conoce y puede dar... continuaba diciendo»

Desperté empapado en sudor, en medio de la oscuridad opresiva y cálida de las selvas del Perú. ¿Por qué, ¿Dios, por qué me has traído aquí? Repetí esa pregunta durante el resto de la noche; pues el sueño, había menguado mi tranquilidad.

Al día siguiente lo encontré de nuevo en la eucaristía, me sentí inquieto y supe que él lo sabía. Parecía saberlo todo, leer la mente. Luego de terminar la misa, me pidió hablar conmigo. Tomamos un refresco a la sombra de una palmera a orillas del Río Amazonas.

Me preguntó si me pasaba algo. Mi actitud le parecía extraña. «Nuestras propias dudas ante la fe nos asustan y nos aterran en algunos momentos»

Sin mediar palabra, le dije:

—Es verdad, Sandro —admití— A veces he puesto en tela de juicio todo. ¿Cuál es el motivo de que yo haya decidido ser sacerdote y no otra cosa?

Ese joven me dio una lección. Me enseñó a nunca dudar de las circunstancias o los tropiezos que tenga en mi vida.

—Si el maestro Jesucristo se eligió a sí mismo para encarnar en un mortal y hacerse crucificar para redimirnos, por qué nosotros tenemos que dudar de los planes de Dios para con nuestras vidas —una vez dije eso, Sandro se levantó y se fue.

Nunca más supe de él, pero jamás olvidaré su lección de fe. Elevo siempre una oración por Sandro.

Retorné a mi vida con el milagro de la fe fortalecida.

En algunos momentos en nuestro caminar espiritual, el Creador del universo, nos permite dudar en nuestro interior acerca de todo lo que creemos o simplemente aparecen personas, que nos ayudan de algún modo a elevar nuestra vibración. Inclusive cada circunstancia de la vida, nos proporciona un aprendizaje por negativo y oscuro que pudiera parecer aquel hecho.

Lo que valoro de estas circunstancias es que, si las aprovechamos, nos harán mejores personas, más fuertes y con más fe.

Dios permite muchas veces en nuestra vida lo que se denomina "noches oscuras" o "resequedad espiritual" sucedan para que volvamos a poner nuestra confianza en Dios, que no es sólo nuestra fuerza o capacidad, sino que

en todo esto se mueve la energía divina, para ayudarnos a crecer en todas la áreas de nuestra vida.
GRACIAS. HECHO ESTÁ.

29.
DIOS, ESTOY PREPARADO

«El padre Efraín ha sufrido un accidente». La noticia me estremeció. No sabía más sobre él. Conocí al padre durante una visita que hice a Ecuador. Allí me recibió en el aeropuerto internacional de Quito, junto a una cada vez más creciente cantidad de personas de todas la religiones y creencias, pues habían sido sanadas por la oración de fe del padre Efraín.

Solía hacer largos viajes a través de su país para llevar la sanidad, la liberación espiritual y los milagros divinos a quienes no podían recibir siquiera una bendición.

«Nací para hacer esto, Camilo —recuerdo que abrió su corazón ante mí, durante esa visita—. No sé qué otra cosa hubiera podido ser en la vida sino sacerdote de Dios y para Dios».

Del otro lado del mundo, estaba yo, intentando saber más sobre mi amigo y mi hermano en la fe. La zona en la que se encontraba era remota, así que la señal era débil. Llamé varias veces al teléfono celular del que me habían reportado el accidente. Viajar era imposible, entonces intenté saber más sobre esa terrible noticia que me había sido dada.

No me quedaba otra cosa más que orar por mi amigo, el padre Efraín. «Padre, te pido que, por favor, no desampares al padre Efraín, declaro que está bendecido y tu sangre preciosa le cubre, escándelo en tus santas llagas —oré—. Santísima Virgen María, Maestro de la misericordia, Jesucristo. Dios Padre. Por favor...Gracias. Hecho está»

Justo en ese momento entró la llamada. Me contó el diácono que acudió al lugar del accidente, que sucedió un derrumbe por causa de las lluvias intensas que sucedían anualmente en ese lugar al que se dirigía. El padre fue llevado al hospital más cercano, pero las lesiones eran graves y se encontraba en estado crítico. El diácono me dijo que me tendría al tanto y que lo único que podía hacer era orar por la recuperación del padre, pero que los médicos no daban mucho por su recuperación.

Dado que no podía hacer mayor cosa que hablar por teléfono, le pedí al diácono que fuera hasta el hospital y entrara a la habitación donde estaba el padre. Una vez que estuvo allí, empecé a orar y le pedí al diácono que me acompañara en la oración de sanación en la distancia.

Veinte horas después, recibí la llamada. Me temía lo peor.

«¿Padre Camilo? —escuché la voz del diácono Rubén Sánchez— Le tengo noticias sobre el padre Efraín... Pues resulta que ha recobrado la conciencia. "Sentí un tremendo calor, Rubén", me dijo. "Pensé que estaba ardiendo en fiebre. Llévame Dios, estoy preparado. Pero no: tiene otros planes para mí" Bendito sea Dios, padre».

El poder de la oración es grande. El maestro Jesús cumple su promesa, donde afirma, que estará con nosotros todos los días hasta el fin del mundo, y que donde dos o tres se reúnen para orar con fe, Él está presente y los milagros simplemente suceden.

Tengo la plena certeza de que, en aquel momento, el padre Efraín fue sanado por Dios, a través de mi oración. Dios es fiel.

GRACIAS. HECHO ESTÁ.

30.
UN AMOR
SIN LÍMITES

A las misas de sanación que oficiaba yo en Rochester, una ciudad cercana a Londres; asistía sin falta una mujer de origen chino, de casi setenta años. Era una de las más fervientes feligresas que vi jamás. Oraba, comulgaba y se confesaba, sin perder el entusiasmo. Durante la época de invierno, la eché de menos. Pregunté por ella a los demás asistentes, hasta que alguien me dio sus datos. Decidí ir hasta su hogar. Llamé, pero nadie atendió. Decidí tocar la puerta de al lado. Un hombre de unos ochenta años me abrió. Me dijo que estaba muy enferma y que él se encargaba de recoger el correo y darle de comer a sus dos gatos.

—Es el cáncer, esa maldita enfermedad —comentó molesto el anciano— Ella, como yo, enviudó hace algunos años. Desde ahí, nos hemos hecho muy amigos, ¿sabe? Jugamos ajedrez y cocinamos. Ella es muy católica, pero yo no. A pesar de eso, nos estimamos mucho como amigos. Es una pena, padre, lo que le está pasando.

— ¿Puede hacerme un favor? —le pedí—. Dígale que yo oraré por su recuperación. Que, si todo sale bien, me llame a éste número —y le entregué mi tarjeta— Que Dios lo bendiga amigo, le dije..

La mujer me llamó al otro día. «Hola, padre Camilo, soy la señora Chang. Gracias por venir a preguntar por mí. Anoche, cuando vino a mi casa, escuché que golpeó, pero estaba muy mal. Tenía fiebre y dolores en el pecho. El cáncer está haciendo metástasis. Pero como a las dos horas, sentí un calor insoportable, que me quemaba el pecho desde adentro. Me sentí mejor y pude dormir profundamente toda la noche. Esta mañana, me sentí mucho mejor. Gracias padre. Siento que Dios ha venido; Él está en todas partes, siento que vela mi sueño».

A las dos semanas exactas, la señora Chang, reapareció en la misa. Llevaba a un invitado consigo. Era el anciano con el que había hablado esa noche de lluvia.

—Hola, padre Camilo, soy Nicholas Kirby. ¿Me recuerda? - Le dije que sí.

—Luego dije a la señora Chang, hice una oración de sanidad por usted —le respondí— Pedí al maestro Jesucristo de la misericordia que intercediera ante el Padre Dios por usted, que la sanara de su enfermedad. También dije, ha sido Dios quien ha abierto las puertas de su casa a usted amigo Nicholas.

Para Dios no hay nada imposible, Dios es capaz de hacer que aquella circunstancia adversa, dolor o enfermedad sea superada por el poder de sus llagas y su sangre preciosa. En algún momento puede que parezca que todo está perdido, que no hay nada que hacer más que esperar la muerte. Pero yo solo sé que Dios es fiel y que le creo en absoluto, creo que está conmigo y que puede hacer milagros transformando la realidad por difícil que ésta sea. Recuerda que tienes el poder de crear tu propia realidad a través de la fe que mueve montañas, logrando crear tu propio universo a medida que avanzas, porque está el Creador mismo conspirando a tu favor.

GRACIAS. HECHO ESTÁ.

31.
TOMA TU CAMILLA
Y VETE

Fui invitado a realizar algunos círculos de milagros en Galicia, al norte de España. Allí las personas tienen una gran fe y necesidad de sanación y liberación. No se había hecho un tipo de oración de éstas en esa zona de España. El clima es agreste, llueve mucho en invierno y el viento del Atlántico Norte, sopla fuertemente. Algunas personas sufren de problemas reumáticos o enfermedades respiratorias.

Una joven mujer, acudió al círculo. Sufría de una rara forma de Parkinson prematuro. Esto, le impedía vivir una vida normal, pues temblaba y no podía sostener nada, ni caminar. Ella era siempre llevada en una silla de ruedas por su madre o su hermano.

Yo estaba hablando a los participantes:

«La fe es lo que nos debe mover, la fe activa el poder de Dios. Aunque tengamos problemas de salud, aunque nuestro cuerpo esté enfermo, el espíritu se debe levantar y acudir a la presencia de Dios, Nuestro Señor. El evangelio según San Marcos, nos dice en 6:49-50: "Cuando lo vieron caminar sobre las aguas, pensaron que era un fantasma y gritaron. Pero Jesús les dijo. "Tengan valor, soy yo." Entonces dio la orden al viento y al mar, y todo volvió a la más completa calma».

Seguidamente oré con oración de fe, por esta muchacha. Que en el instante se sintió invadida de fuego del amor divino y comenzó a sudar.

Ordené de nuevo a la enfermedad y la parálisis que abandonara el cuerpo de aquella mujer por las llagas de Jesús y por su santo nombre, le ungí con aceite de oliva exorcizado en la coronilla de la cabeza, la frente, el pecho y las palmas de las manos. Tenía la certeza de la fe, que la energía divina se estaba moviendo para curarle. Posteriormente impuse mis manos en su cabeza, oré en oración de lenguas y decreté, que caminara ya, en el Nombre de Jesús. En ese momento escuché una voz interna que me dijo: "ella está sana, yo la sostengo y manifestaré mi amor sobre ella".

Luego la joven enferma, por primera vez, se irguió por sí misma y dio un par de pasos.

— ¡Puedo caminar, milagro, puedo caminar! —dio un grito de júbilo—. Sentí un calor intenso recorriendo mi cuerpo, mis piernas.

—Como los apóstoles en el Evangelio de Marcos, nosotros no debemos tener miedo a los prodigios y milagros dados por nuestra fe, pues éstos son muestra del amor de Dios y de la fe —les dije—. El amor de Dios siempre nos cobija y el cayado del maestro de la misericordia, Jesucristo, nos guía por verdes prados. Ahora señorita, puedes tomar tu camilla y puedes irte en paz, para tu casa. Porque Dios ha hecho una obra buena. Amén.

GRACIAS. HECHO ESTÁ.

32.
DEJANDO
EL ODIO

La baronesa Catherine von Metz, es una mujer de unos sesenta años, residente de una de las zonas más exclusivas de Londres. Su linaje la emparenta con las casas reales de Europa y toma té con la misma reina Isabel en el Buckingham Palace. Una de sus amas de llaves, una española católica ferviente, es una de las más fieles feligreses y asistente sin falta a las eucaristías y misas de sanación que impartía en la zona de Walworth. Donde quiera que yo vaya dentro de Inglaterra, allí está, siempre.

Un día, la baronesa cayó gravemente enferma. Esa era la versión que se daba en la prensa y en los tabloides ingleses. Sin embargo; Lucía, su ama de llaves española, la conocía mejor que cualquier otra persona.

«He orado mucho por la señora baronesa, pero de nada ha valido», me dijo Lucía. «Padre, por favor, ore mucho por ella, ayúdela».

Pensé, qué cosa podía faltarle a una mujer millonaria, relacionada con las casas reales de Europa, incluso, que toma té y juega al bridge con la misma reina de Inglaterra. En la mirada altiva de aquella mujer, había un vacío. Aunque tenía dinero y linaje, eso no podía comprar la amistad ni el amor. Desde que quedó viuda, la baronesa se dedicó al lujo y a comprar arte y llenar los salones de sus castillos y palacios a lo largo de Inglaterra, Austria, Alemania, Suecia, Estados Unidos e Italia.

De repente, cayó enferma. Los mejores médicos de Inglaterra analizaron su estado de salud y llegaron a la conclusión que tenía una enfermedad irreversible neurodegenerativa, todo esto, sumado a una profunda depresión y sentimiento de soledad que le llenaba el alma. Pese a tener todo el dinero, el poder y el linaje, la baronesa no podía curarse. No se puede comprar la salud, ni la felicidad ni la paz del espíritu.

Una mujer de su nivel, era muy arrogante. Aunque Lucía le sugiriera que fuera a la misa de sanación, ella seguramente no iría y ridiculizaría su creencia. La baronesa estaba desesperada, pues la idea de que moriría, la atormentaba.

Lucía le concertó una cita privada conmigo para una terapia de sanación holística. Acudí a la mansión de la baronesa. Tomamos el té. Hablamos sobre toda su vida. Al final yo le ofrecía lo que nadie, ni siquiera la misma reina le podía ofrecer: una amistad sincera y llena de fe en Dios. Le dije que en nuestro destino estaba tener esa conversación y que Dios sacaría algo bueno de todo esto.

Hicimos una oración junto con Lucía en su despacho privado. Al final, pude ver sus ojos azules que no se conmovían con nada. Estaban húmedos. Luego, salí de aquella casa con la certeza de saber que Dios estaba actuando, para el mayor y más alto bien de aquella mujer.

Al día siguiente, sonó mi teléfono:

«¿Padre Camilo? —escuché la voz de la baronesa— Tiene que venir, por favor. Lo espero en mi casa».

—Anoche, luego de que usted se fuera, empecé a sentir mucho calor en mis manos, que luego se extendió por mi cuerpo como las llamas en la hierba seca. Esta mañana, me sentí renovada. Sin odio. Como si el fuego hubiera borrado todo rastro de mi mal.

Un mes después, la baronesa estaba curada de su enfermedad neurodegenerativa, pero sobre todo había recibido y sentido el amor de Dios en su vida. Era otra persona distinta, había sucedido el milagro del cambio. Se sentía en ella una nueva vibración y se había entregado a Dios.

GRACIAS. HECHO ESTÁ.

33.
VEO LA
LUZ DIVINA

Organizamos en Nueva Jersey un retiro espiritual, en el cual haría terapias de sanación y un gran círculo de milagros al final. Maggie, la madre de Evelyn, quiso llevarla ante la férrea oposición del padre: un hombre muy obtuso y machista, que no tenía fe y rechazaba todas las religiones. Evelyn había nacido ciega.

«Mi hija no irá a un show de esos», el papá impuso de ese modo su voluntad por encima de la de su hija y su esposa.

Maggie insistía en llevar a su hija, que ya era casi una adolescente, al círculo de milagros, pues los rumores acerca de los grandes prodigios y manifestaciones extraordinarias, se habían extendido por toda la comunidad, y no solo por el estado de Nueva York, sino por todos los Estados Unidos y también por Canadá.

La situación se tornó dramática, cuando Maggie le insistió a su esposo en asistir con su hija. «De ninguna manera —le advirtió—, Evelyn irá a ese lugar».

Maggie decidió orar, conteniendo el llanto, para intentar cambiar la radical posición de su marido y padre de su hija.

Oró durante toda la noche, pidiéndole a Dios que reblandeciera el corazón de su esposo y le enviara amor incondicional. Milagrosamente, al día siguiente, el padre cedió, permitiéndoles que asistieran al retiro espiritual. Incluso, se mostró interesado en saber de qué trataba aquello.

John el papá de Evelyn, quien, por su formación como ex marine y combatiente en la primera guerra del Golfo Pérsico, tenía un carácter recio e inflexible, las llevó hasta el seminario en que se llevaría a cabo el retiro espiritual. Como todo escéptico, quería poner a prueba aquellas supuestas sanaciones, que él consideraba, no eran otra cosa que una gran mentira o una sugestión colectiva.

Aunque eran tan solo dos días de retiro, John optó por quedarse junto a su esposa y su hija.

«Ya veremos qué pasa», comentó escuetamente con Maggie.

Durante el círculo de milagros del domingo, el ambiente estaba muy cargado por una vibración de amor divino. Se podía sentir la energía de la sanidad espiritual. Un olor constante a rosas frescas inundaba el sitio. Es común escuchar en testimonios de sanidad y liberación, que se siente este aroma a rosas, pues representan a la Santísima Virgen.

Al empezar a la oración de fe, Maggie se acercó adelante con su hija, Evelyn. Yo le hice sobre la frente de la niña una señal de la cruz, decretando y ordenando:

—Dios padre Todopoderoso, te otorgue la luz para que veas los milagros de Dios por medio de la fe. Te expulso espíritu de ceguera por el nombre de Jesús y te envío a la luz de Dios. Les ordeno y decreto ojos por las llagas de Jesús y la sangre de Jesús que se abran y vean. Gracias. Hecho está.

Justo antes de decir a los participantes a aquel círculo de milagros que podían irse en paz, los gritos de John, el padre de Evelyn y esposo de Maggie, sobresaltaron a toda la gente, que estaba concentrando en la oración milagrosa.

El hombre lloraba desconsoladamente, como nunca había visto antes a un hombre así hacerlo. Teniendo en cuenta que era un hombre de casi dos metros, con barba y complexión atlética, esto parecía una escena bastante surrealista.

— ¡Esto es un milagro, padre —dijo entre sollozos—! Por favor, perdónenme todos… por un momento dudé, pero esto es real! ¡Alabado sea Dios… ¡Hija, hija…! ¿En verdad puedes verme?

La niña asintió, abrumada, y con los ojos llenos de lágrimas.

—Puedo ver una luz, una luz divina y te puedo ver a ti —dijo la chica.

GRACIAS. HECHO ESTÁ.

34.
EL PADRE DIOS
NUNCA ABANDONA

A las puertas de una comunidad religiosa en Madrid, llamó a la puerta una noche de lluvia una mujer. Era joven y bella. Cualquiera podía decir que lo tenía todo, pero en realidad no tenía nada. No me refiero al dinero, sino al espíritu. Vanessa estaba muerta en vida. Había tenido una niñez privilegiada; y aunque sus padres vivían, era como si no existieran.

Le dejaban dinero o la tarjeta de crédito sobre la mesa, pero nunca estaban en casa. Londres, París, Berlín, Nueva York, Tokio, Kuala Lumpur, El Cairo, etc. El mundo entero era su casa. La joven cayó en las garras de la vida disoluta: sexo, fiestas, drogas, alcohol.

Amanecía muchas veces en camas extrañas y no sabía cómo había llegado hasta allí. Finalmente, tras varios años de esta situación, perdió todo cuanto tenía: la dignidad.

«Me acostaba con hombres por capricho —me contó luego—; me prostituía por diversión»

Una religiosa de la comunidad de las carmelitas me dijo que necesitaba mi ayuda. «Una terapia de sanación interior y ancestral para el espíritu maltrecho de esta joven, no le caería nada mal, padre Camilo —me dijo la hermana Agustina— Antes de que sea demasiado tarde»

Ella se dejó llevar por los apetitos que Satanás sirve sobre la mesa. Son frutos tentadores, pero como vienen de un árbol cuya savia es el veneno. Una cosa llevó a la otra. Vanessa empezó a entrar en círculos satanistas y a ser parte de misas negras. Recuerda que nuestro enemigo el diablo solo viene a robar, destruir y matar.

Ninguna de las doctrinas espirituales que conocía y experimentaba, le llenaba su espíritu. Aunque no tenía ninguna enfermedad física, su espíritu estaba desahuciado, se sentía sola, vacía y con una profunda depresión, junto con deseos de suicidio. Moría día a día, poco a poco, de manera lenta. Vanessa empezaba a contemplar la posibilidad de salir de ese círculo infernal, pero de la peor manera posible.

«Qué sentido tiene todo», se preguntaba. «¿Para qué?»

Iba a cometer suicidio. Pero esa noche se levantó en un hotel de mala muerte y por casualidades, confundió la puerta y llamó al convento. Empezamos una larga terapia de sanación interior y ancestral con Vanessa para devolverle el espíritu.

En menos de dos meses, su cambio fue radical. La muchacha sin horizonte, con la mirada perdida en el marasmo de la droga, el sexo y los vicios, volvió a brillar.

Todos los espíritus de suicidio, muerte, depresión droga, alcohol, prostitución y soledad le abandonaron, siendo libre por la sangre de Jesús.

Vanessa se entregó a Dios, renovó su vida y empezó a dar testimonio a los demás jóvenes, que como ella, estaban perdidos en los laberintos oscuros de la prostitución, la droga o el alcoholismo

—Hola a todos chicos: estoy aquí... soy otra y estoy renovada, porque Dios puso en mi camino al padre Camilo —dijo Vanessa en su testimonio frente a otros jóvenes durante la terapia—. Créanle a Dios, porque es como un buen padre que nunca abandona. Dios es fiel

GRACIAS. HECHO ESTÁ.

35.
¿DÓNDE ESTÁ
LA VIDA?

Jorge Pérez llevaba una vida sin sobresaltos, hasta que, en una ocasión, al realizarse una serie de exámenes de chequeo médico rutinario, un diagnóstico cambió todos sus planes.

Se sentía más cansado que lo habitual cuando llegaba de trabajar. Le dolía el cuerpo y la cabeza, lo que lo llevó a consultar con su médico acerca de qué era lo que causaba las molestias. El señor Pérez emigró desde su México natal a los Estados Unidos, donde vivió durante más de treinta años. Era un hombre muy activo, con ánimos y entusiasmo. Era un hombre dedicado por completo a su trabajo, que era una tienda de abarrotes en la ciudad de Boston. De repente, toda esta vida que parecía tan ordenada, y por la que trabajó incesantemente a lo largo de varios, años, ahora estaba en estado de suspensión.

«Señor Pérez —el tono de la voz del médico cambió de optimista a sombría— debo notificarle que tenemos que hacer una serie de exámenes para descartar...»

«¿Descartar?... ¿Qué va a descartar? doctor»

El médico titubeó para darle la noticia. Pérez era todavía un hombre de edad mediana que no llegaba a los sesenta.

«Creemos que lo que tiene puede ser cáncer... aunque hay que determinar si está en etapa inicial»

¿Dónde está la vida? Le preguntó a Dios, resignado. Optó por seguir las indicaciones que los médicos le daban, el señor Pérez aceptó. El resultado tardó casi dos semanas: tenía un cáncer en etapa inicial. Era un cáncer muy agresivo que afectaba los pulmones, algo que le sorprendió, pues nunca había sido fumador. El señor Pérez escuchó en una emisora carismática en Internet, sobre los círculos de milagros que un sacerdote que vivía en Londres, organizaba a lo largo de los Estados Unidos. Se mostró muy interesado y se contactó conmigo.

«Padre Camilo. Estoy dispuesto a financiar todos los gastos necesarios para que usted pueda venir y hacer una misa de sanación y un círculo de milagros», me dijo el señor Pérez.

Le respondí que el dinero no era lo esencial, sino el tiempo. Se le hizo muy extraño. Yo le dije que el dinero iba y venía, pero había algo que no podía comprar ni siquiera el hombre más rico de todo el mundo: el tiempo.

Manifestó que durante muchos años dedicó tiempo a acumular dinero, riquezas, pero que ahora quería cambiar el rumbo de su vida. Me dijo que podría contar con él para hacer una misa de sanación en Boston; también, me pidió que hiciera una misa de sanación por Internet que él estaba dispuesto a financiar en cualquier emisora, como patrocinador.

Así lo hice. Trasmití a través de una emisora en Londres y miles de personas me pudieron escuchar en directo en todo el mundo.

«Padre Camilo, tengo que darle una gran noticia —me saludó el señor Pérez, un par de meses después— Los médicos me dicen que estoy curado. Gracias por sus oraciones.»

A ti que lees mi libro: La ecuación milagrosa, te digo que Dios es capaz de hacer posible lo imposible contra todo pronóstico. Puede que el médico te haya desahuciado y diga que estás condenada a la muerte, que todo está perdido, yo te digo que si le crees a Dios, verás lo que son los milagros. Yo he visto con mis propios ojos a muchos muertos en vida revivir y ser sacados del pozo de la oscuridad y la muerte. Así que simplemente ora, con más fe para que la energía divina actúe en ti.

GRACIAS. HECHO ESTÁ.

36.
YO LE CREO
A DIOS

Patricia era una mujer que era madre de una niña de diez años. Trabajaba mucho. Desde que tenía dieciocho entró en una fábrica, madrugaba a trabajar y salía muy tarde en la noche, para volver a casa y dormir a penas para retornar a su puesto nuevamente. Apenas tenía tiempo para su hija. Era su madre quien la cuidaba y hacía las veces de madre, mientras Patricia trabajaba y trabajaba para poder subsistir.

Con el paso del tiempo, empezó a tener el vicio del alcoholismo para mitigar la ansiedad y los problemas que no podía resolver. Patricia comenzó a descuidar a su trabajo. Entraba en estados de depresión constantes y se ausentaba. Esto hizo que sus jefes le llamaran la atención; pues había decaído en su rendimiento laboral, dado que se ausentaba por beber alcohol.

La empresa le envió un comunicado que decía:

«En vista de la situación de clara negligencia de su parte para con la compañía, nos permitimos informarle que hemos decidido suspenderla durante una semana sin remuneración. Gerencia general»

Patricia al leer la carta, entró en estados de desesperación. Por fortuna la madre de Patricia era una mujer espiritual muy piadosa.

—Hija, deberías considerar asistir a las terapias de sanación que hace el padre Camilo —le recomendó.

Un día domingo asistió al lugar donde yo llevaba a cabo las terapias de sanación, durante un retiro espiritual a las afueras de Londres.

Varias personas que tenían diferentes tipos de adicciones, hicieron un círculo. Se tomaron de la mano para orar juntos con oración de fe.

Pedí por la sanidad y liberación de todos sus problemas y adicciones.

—Para el maestro de la misericordia Jesucristo, no hay nadie que sea malo o no. Su perdón se otorga para todos —dije.

Un mes después, me encontré a Patricia, su madre y su hija, en un centro comercial.

Ella me abrazó y me dijo que, gracias a mis oraciones, había conseguido dejar la bebida definitivamente, retornar a la fábrica y retomar su trabajo; Pero sobre todo, volver a reforzar los lazos con su hija y su madre, quien era la persona que le ayudaba en todo.

«La fe ha cambiado totalmente mi vida, Padre Camilo»
GRACIAS. HECHO ESTÁ.

37.
UN VIAJE CON RETORNO

Cuando suelo hacer viajes largos a América Latina, llevo conmigo la Palabra de Dios y escribo en mi computador mis libros y mis clases. Mientras miro por la ventanilla el paisaje, simplemente agradezco al Creador del universo, observando el cielo azul o estrellado, el mar, las montañas y valles, pienso en la obra de Dios para nosotros. Aún conservo una Biblia que me regaló un profesor de teología en Salamanca, España. Una edición de finales de principios del siglo XX, que guardo como una reliquia verdadera.

Al llegar al aeropuerto de La Paz, Bolivia, estuve revisando algunas notas en el computador, así como mi correo electrónico. Estaba muy cansado y me llevaron al hotel. En la habitación me percaté que La Biblia no estaba conmigo. De inmediato, entré en pánico. Llamé al aeropuerto, pero a esa hora no había quien diera razón de los objetos perdidos. Temprano tenía que tomar un autobús para ir a una ciudad cercana a la capital boliviana, por lo que las oportunidades de recuperar mi Biblia, eran prácticamente nulas.

De cualquier manera, intenté comunicarme con la sección de objetos perdidos del aeropuerto. La empleada encargada no la encontré, me dijeron que llamara más tarde.

Luego del viaje, tenía que retornar por mi Biblia. Así lo hice. Volví al aeropuerto de La Paz.

Allí, luego de esperar un rato, me atendió una amable funcionaria quien me hizo seguir a un despacho. Allí me contó muy conmovida, que cuando encontró mi Biblia, no pudo dejar de lado la curiosidad de hojearla y leer un pasaje de los Salmos.

—Me pareció muy bella esta Biblia y abrí la página justo en el Salmo 91 —me contó con perplejidad la mujer— Empecé a orar, pidiendo por la recuperación de mi madre, que sufre de una enfermedad que le impide moverse a causa del dolor en las articulaciones. Al cabo de una semana, los síntomas de ella, empezaron a tener una clara mejoría y sin explicación médica.

Le dije que Dios sabe cómo obrar, buscando la mejor manera de hacerlo, sin que nos percatemos de ello. La mujer admitió, con lágrimas en los ojos, que esto había sido un milagro. Aunque no era la persona más ferviente, esta experiencia le dejó una poderosa lección.

—Dios quiso manifestarse en tu vida de ese modo —le dije— Leer un pasaje de la Sagrada Escritura es algo que cualquiera puede hacer, pero para que pudieras dar fe del don carismático de la sanación en tu madre, mi Biblia tuvo que llegar a tus manos, luego de recorrer un largo camino en el tiempo y el espacio.

GRACIAS. HECHO ESTÁ.

38.
ME SENTÍ
AMADO

La historia de Ernesto ejemplifica cómo ejerce influencia Dios en nuestras vidas, a pesar de que no nos demos cuenta. Aunque sus padres se mudaron a vivir a Estados Unidos, en su niñez, él pudo presenciar cómo en su país de origen, Guatemala, la mayoría de las gentes vivían en una situación de pobreza extrema, con grandes necesidades insatisfechas, mientras una pequeña parte de la población, tenía acceso a una vida privilegiada, incluso con empleados particulares. Esto siempre inquietó a Ernesto, quien manifestó tener una conciencia social bastante marcada desde muy joven. Al crecer, se afilió al partido comunista y empezó a realizar activismo. Protestaba, intentaba oponerse a la represión que el estado ejercía contra los más débiles.

Ernesto pensó que la situación en los Estados Unidos sería diferente, ya que muchas personas anhelaban cruzar la frontera para hacer realidad su sueño de lograr satisfacer las necesidades más básicas como vivienda, alimentación, trabajo, educación, etc.

Sin embargo; se dio cuenta que allí, en el país del Norte, las cosas seguían siendo más o menos iguales. Los latinos, los negros y las minorías raciales, eran discriminadas. Los estadounidenses tenían los mejores trabajos y los inmigrantes, hacían lo que muchos nativos no querían: labores domésticas, reparaciones, trabajos en industrias, etc.

Ernesto, con su típica rebeldía adolescente, decidió integrarse a un gueto punk en Nueva Jersey. Su actitud contestataria pretendía derrumbar el sistema oponiéndose a él por medio de la anarquía. Pronto, esto se saldría de sus manos. Se practicaban misas negras, en las que estaba presente siempre el sexo, las drogas y la música rock. Así transcurrió la juventud de Ernesto.

Todo esto cambiaría un día en que, durante una protesta contra la policía, Ernesto sufrió golpes que lo dejaron en un estado de postración durante meses. Ante la situación en la que perdió parte de la movilidad de su cuerpo debido a los golpes, decidió cambiar de vida radicalmente. Nunca había sido espiritual. Esto no podía concebirse en un chico punk, anarquista y que practicaba rituales satánicos.

Su abuela, lo invitó a que asistiera a un retiro carismático en Nueva York. Ernesto se mostró reacio, pero ella fue tan insistente que al fin lo convenció y fue a regañadientes.

Allí pude conocerlo. Todos nos tomamos de la mano en un círculo. Oramos con mucha fe y pedimos por la curación de los enfermos. Ernesto, que era un escéptico absoluto de cualquier tipo de influencia externa de Dios, y quien había entrado ayudado por un par de muletas, salió caminando naturalmente.

«Sentí cómo el fuego purificador de Dios, recorría mi cuerpo y me sanaba. Curaba todas mis heridas. Me sentí amado», dijo Ernesto en su testimonio.

GRACIAS. HECHO ESTÁ.

39.
EN EL NOMBRE DE JESÚS,
POR SUS LLAGAS, POR SU SANGRE
Y POR SUS CLAVOS

Llegué a una población remota de Colombia para hacer una gran misa de sanación y de liberación. El camino había sido tortuoso y largo. Para llegar a ese poblado, había que viajar cerca de diez horas en automóvil desde Bogotá, para luego, tomar, a lomo de mula, un camino por otras dos horas hasta llegar. La gente nos esperaba ansiosamente.

Cuando me bajé de la mula, mientras tomaba fuerzas para preparar todo y celebrar la eucaristía, se acercó a mí un hombre joven. El clima húmedo y la temperatura cálida, hacía que todas las personas estuvieran en ropa ligera. Sin embargo, aquel hombre, tenía una camisa de mangas largas y un pantalón también largo.

—Padre Camilo —me saludó— He escuchado mucho de usted. Estaba esperando que viniera. Verá: yo tengo una enfermedad cutánea que me produce mucho dolor. Además, que el olor es insoportable en este clima.

Se levantó las mangas de su camisa. Tenía llagas por todos sus brazos y en sus piernas. Esto le impedía llevar una vida normal.

Le dije que las pruebas en la vida eran difíciles. Pero que, si tenía fe, Dios lo podía curar de todos sus males, aunque el médico no hubiese podido.

—Quiero que me ayude, padre Camilo.

Al día siguiente estuvo en primera fila cuando empezamos la gran misa. Toda la gente del poblado asistió. Muchos enfermos, paralíticos, ciegos, etc., atendieron el llamado para ser ungidos por la fe y las bendiciones de Dios.

Llegó el momento crucial en la eucaristía, cuando dije:

«Por la sangre del maestro de la misericordia Jesucristo, en el Santo Nombre de Dios Todopoderoso, decreto la curación de todos los enfermos aquí presentes —asperjé agua bendita con sal exorcizada sobre todos—. Amén...»

Me preparaba para partir, y ya empezaba a caer la tarde, cuando se acercó a mí el hombre que tenía las llagas en los brazos

— ¡Padre, padre, espere! —gritó.

Extrañado, pregunté qué pasaba

—Quiero darle las gracias

— ¿Por qué, amigo?

El hombre se alzó las mangas y entonces, su piel estaba limpia y sana, sin el olor a putrefacción que antes llevaba a todas partes. «Gloria a Dios», le dije y empezó a llorar.

Esta fue una poderosa sanación instantánea, donde el amor de Dios se manifestó de modo muy rápido para asombro de muchos. Aquel día sucedieron muchos milagros de sanación de enfermos y muchos aumentaron su fe.

Ahora algunas de estas personas, estudian online los seminarios de sanación y liberación que ofrezco en mi escuela Ascended Master Method®, porque todos están en

capacidad de desarrollar los dones y carismas espirituales para que los milagros sucedan.
GRACIAS. HECHO ESTÁ.

Capítulo 3

CREYÉNDOLE A DIOS

40.
VIVIENDO EN
LIBERTAD

El fantasma del alcoholismo acechaba a James. A pesar de ser un hombre espiritual e íntegro, tenía la debilidad por consumir licor diariamente, como pretexto para poder realizar cualquier tarea que se proponía. Muchas veces, los problemas personales afectan a las personas, llevándolas a recurrir a apoyos externos nocivos para su esfera psíquica y emocional, como las drogas, el alcohol, la pornografía y la prostitución.

James había caído progresivamente en la espiral de dependencia del licor, sin que hubiera nada ni nadie, ni siquiera sus dos hijos, que pudieran sacarlo de aquel vórtice que lo hundía en una miseria económica, espiritual, moral y psicológica.

El destino nos cruzó a los dos en el camino de Dios.

Me encontraba en una visita a un centro hospitalario de Londres, cuando me topé con James. Me llamó y me dijo.

—Padre, padre Camilo —James estaba tan ebrio, que apenas podía articular palabra—, deme su bendición por favor, ayúdeme con algo. Estoy enfermo y necesito dinero para medicinas.

Sabía que no podía darle dinero, pues este es un error en el que muchas personas incurren. Al dar dinero a una persona que está atrapada en el laberinto de las drogas, el alcoholismo o cualquier otro vicio o dependencia, se está nutriendo ese monstruo y no se está ayudando en lo absoluto a poder salir de esta muerte en vida.

Lo invité a acudir a las terapias de sanación que yo hacía. Se mostró muy reacio, incluso, molesto.

—Si quieres salir del pozo, yo te tenderé la mano, hermano —le dije extendiéndole mi tarjeta—. Ahí me puedes encontrar. Pregunta por el padre Camilo.

Un par de días después, ante la puerta se encontraba James Smith. Le hice seguir. Hice que le sirvieran un café y un sándwich. Cuando estuvo lo suficientemente sobrio como para darse cuenta de dónde estaba. Pareció confundido y noté su intención de huir.

Hicimos una terapia de grupo junto a otras personas con problemas. Oramos. Escuchamos atentamente lo que James tenía que decirnos. Al final, lloró. Hizo una catarsis que no había podido hacer durante años. «Señor, te pedimos que ayudes a nuestro hermano James a salir, a vencer el dragón de la dependencia del licor. Amén»

YO decreté y ordené en fe, que saliera de James todo espíritu y demonio de alcohol, en ese momento, este hombre delante de todos cayó al suelo y comenzó a gritar, sudando mucho, luego vomitó y como quien logra liberarse de una gran opresión, se quedó profundamente dormido.

James había sido liberado del demonio del alcohol, el amor de Dios, lo llenaba ahora y era libre de toda adicción.

«Ahora, gracias al amor de Dios estoy viviendo en libertad», dijo James, meses después. Hoy en día, James está re-

conciliado con Dios y con la vida. Nos ayuda en las terapias de sanación que hacemos en Inglaterra.
GRACIAS. HECHO ESTÁ.

41.
SIENTO EL AMOR DE DIOS

Jorge sufrió un grave accidente automovilístico del que quedó seriamente afectada su movilidad. Desde hacía tres años, usaba la silla de ruedas para movilizarse y realizar todas sus actividades cotidianas. Jorge estaba muy amargado, lleno de resentimiento y culpaba a Dios por su destino. Sin embargo; él, como muchas personas, desconoce que podemos sacar un aprendizaje para nuestra vida, aun en medio del dolor y por más compleja que parezca la situación.

Fui invitado a Cúcuta, Colombia, para que hiciera una serie de círculos de milagros. No sabía yo que la vida de Jorge estaría destinada a ser bendecida por la misericordia de Dios.

Aunque desde su accidente, Jorge decidió no volver a orar y distanciarse de su fe, ya que había sido bautizado y su familia era practicante, no volvió a su iglesia y renegaba constantemente de su suerte y su destino.

La madre de éste le persuadió a asistir al círculo de milagros. Jorge pensaba que aquello era como una humillación para él, pues no le gustaba mostrarse vulnerable.

«He escuchado que en los círculos de milagros del padre Camilo suceden milagros de sanidad y liberación —le comentó la madre de Jorge a la esposa de su hijo— Una muchacha que estaba enferma terminal se curó; varias personas discapacitadas también han salido caminando».

Finalmente, sería ella quien terminó por convencerle de que fuera. «No perderás nada con hacerlo —le dijo para persuadirlo— ¿Qué puede ser peor?»

El lugar donde se llevaría a cabo el círculo de milagros, estaba repleto de personas. En la parte de atrás del auditorio había muchas personas que no pudieron entrar y fue necesario poner pantallas y sonido exterior para que escucharan y participaran del círculo de oración milagrosa.

Jorge, al ver a tantas personas en una condición de discapacidad, mucho peor que la suya, se dio por bien servido. Se conmovió mucho, contaría luego, tanto que lloró al ver a varios niños enfermos.

Durante la oración de fe, salí a bendecir con agua bendita y sal exorcizada a las personas que estaban esperando atrás. «Que la sangre bendita del maestro Jesucristo de la misericordia le traiga sanidad, Decreto por la sangre de Jesús y sus clavos que puedes caminar ahora. Le ordeno al espíritu de parálisis que se retire del cuerpo de esta persona», le dije a Jorge

—Sentí mucho calor, un calor abrasador en mis piernas, padre Camilo —apuntó en su testimonio Jorge—. Entonces, por primera vez en tres años, sentí mis piernas, pude sentirlas; un mes después, daría mi primer paso. No puedo creerlo, dijo el médico. Yo pensé:

"Siento el amor de Dios obrando en mí".»

GRACIAS. HECHO ESTÁ.

42.
CON AMOR Y
SIN DOLOR

Conocí la historia de Jennifer cuando estuve en Chicago. Era una chica de veinticuatro años que tenía un pasado tormentoso. Creció en una familia disfuncional, con una madre alcohólica y un hermano que se dedicaba a la delincuencia al interior de una banda que hacía robos a mano armada. Jennifer, creció en ese ambiente brutal. Hasta que una noche en que salió con un chico, su hermano la estaba esperando en la entrada de la puerta.

«¿Qué haces a esta hora afuera?», le preguntó y luego de golpear al chico y a Jennifer, violó a su propia hermana. Luego Jennifer tuvo que abortar el bebe, que venía en camino fruto de aquella violación sexual. Ante el silencio cómplice de su madre, la chica decidió irse de su casa. Anduvo por las calles y barrios bajos trabajando de prostituta. Su vida se limitaba a acostarse con hombres, beber, drogarse. Ese era su círculo infernal. Días y noches se confundían, sin distinguirse en su opresiva y decadente realidad.

Una noche, se cruzó en el camino de un sacerdote que le dijo. «Dios tiene destinada para ti una vida bella y digna y te lo quiere mostrar, pero tú no haces caso. Tienes una venda en los ojos. Quítatela y escucha su voz, debes salir ya de esta vida de miseria».

Como si hubiera sido un preludio a la decadencia de Jennifer, esa noche fue golpeada por un cliente, quien la dejó en un estado de postración durante varias semanas. A la clínica solo acudía una monja a estar pendiente de ella. La hermana le dijo que cuando se recuperara, le diera una oportunidad a Dios.

—Hay un sacerdote colombiano, que hace misas de sanidad, liberación y círculos de milagros —comentó la monja—. Deberías ir y participar, pues nada pierdes. Jennifer hizo oídos sordos a la invitación, respondiendo que Dios estaba muerto.

Cuando salió de la clínica se recuperó, lo que si decidió Jennifer fue cambiar de vida y se puso a trabajar en una tienda de comestibles. Allí conoció a un hombre del que se enamoró y se fue a vivir. Sin embargo, cuando intentó quedar embarazada, el plan de conformar una familia se vino al suelo. Acudió al médico ginecólogo para que le ayudara con un tratamiento. Pero aquello era más grave de lo que pensaban. El aborto había causado una lesión que con el tiempo y las relaciones que tuvo Jennifer, desataron un carcinoma. Estaba entrando en la fase más crítica. El médico, con los resultados de los exámenes en su mano, le dijo que, si quería salvar su vida, primero debería hacerse una histerectomía.

Jennifer acudió a la misa de sanación como una espectadora, pero sin ninguna clase de fe en Dios. Había acudido a aquel lugar por pura desesperación, puesto que ya no tenía nada que perder. Cuando la vi, no tenía pelo, y estaba muy delgada a causa de la terapia para combatir el cáncer.

Luego de ser bendecida, ungida con aceite, orar e imponer mis manos sobre su cabeza, se marchó. No la volví a ver sino hasta cuando retorné a Chicago por segunda vez, ya que había sido un éxito la eucaristía y los círculos de milagros que realizamos en aquella hermosa ciudad.

—¿Padre Camilo? —se presentó ante mí una mujer joven y hermosa, acompañada de su esposo y cargando una niña rubia entre sus brazos— ¿Me recuerda?

Le dije que no, que me disculpara; veía mucha gente todos los días.

—Estuve en una misa y usted pidió por mi sanidad. En ese momento mis entrañas ardieron y sentí como el fuego sagrado de Dios me purificaba, igual que a los hijos de Leví. Hoy estoy sana, con amor y sin dolor. Amén

Este testimonio en particular, me resulta muy conmovedor, dado que la sanación y liberación de Jennifer, ocurrió en varias áreas de su vida. Dios había pasado y lo había hecho todo nuevo en ella, desde una sanación física, el regalo de tener un bebe y el haber perdonado a su hermano y madre, por los abusos que sufrió tiempo atrás. También me fascina de esta sanación, es que Dios hizo este milagro en solo unos 3 minutos, que fue el tiempo que oré por ella. En el maravilloso momento de la sanación, lo importante es la fe con que se ore y se decrete y no el tiempo; es decir, que tu oración sea de calidad.

Yo solo puedo agradecer y decir con fe, que Dios es fiel y que Él hace posible lo imposible.

GRACIAS. HECHO ESTÁ.

43.
Y FUI SANADO POR ÉL

El pueblo de Costa Rica es uno de los más piadosos de toda América Latina. Mientras estuve de gira por el país centroamericano, estaba dando un sermón en que decía cómo el maestro Jesucristo de la misericordia, nos amó hasta el extremo para redimir todas nuestras limitaciones. La iglesia estaba llena; incluso en el atrio había personas esperando para entrar, pero estaba totalmente abarrotada. En medio de aquella cantidad de personas, destacaba un hombre de edad mediana con un gran tumor en el rostro. Su aspecto atemorizaba a los niños, que lloraban al verlo. El hombre estaba concentrado en la oración, que yo hacía para pedir por la sanidad física y espiritual de todos los enfermos.

Yo estaba hablando desde el púlpito.

«Pedimos a Dios Todopoderoso, que tu fuego divino, sane toda enfermedad ahora, todo mal, todo padecimiento y sufrimiento que afectan a los asistentes a esta eucaristía... Decreto que se rompa ahora toda hechicería, maldición, brujería, pacto, semipacto, conjuro demoníaco, consagraciones a brujas, duendes y enfermedad postiza por la sangre preciosa de Jesús, por las llagas de Jesús, por los clavos de Jesús. Te lo pedimos, Señor, en el nombre de tu Hijo, el maestro Jesucristo de la Misericordia y de su madre, la Virgen María...Envío todas estas enfermedades y energía negativa a la luz de Dios. Gracias. Hecho está»

El silencio piadoso era profundo y lleno de respeto. No se escuchaba nada, ni el viento ululando entre los árboles, ni el zumbido de un insecto siquiera, cuando de repente, se quebró esa paz, con unos gritos que venían desde fuera del templo.

«Déjenlo que entre, déjenlo entrar...» gritaban las personas.

«¡Padre, padre Camilo, por favor...!» se podía escuchar gritar a alguien.

Cuando se acercó el hombre, pude darme cuenta que era el mismo que tenía el tumor en la cara, pero su tamaño había reducido de modo instantáneo, hasta casi desaparecer. Era un milagro muy poderoso.

El hombre subió al púlpito y dio su testimonio.

«Sentí que cuando usted decía la oración de fe, mi cara era consumida por un calor incesante, sentía que me estaba quemando, era algo desesperante, sentía que moría de tanto dolor en mi cara. Pensé que podía ser el sol, pero, en seguida, sobrevino un dolor insoportable y más fuerte que el anterior. Me toqué mi cara... Me asusté porque pensé que me iba a estallar el tumor. Al tocarme sentí cómo empezaba a reducir su tamaño. Esto no puedo explicarlo, padre Camilo, por Dios...», el hombre se interrumpió porque empezó a sollozar y llorar.

Yo hice la señal de la cruz sobre su rostro y ordené que saliera de su cuerpo cualquier influjo maligno, lanzando con mi mano la energía de enfermedad y los demonios fuera de él.

Varios días después, el hombre me envió las fotografías y el dictamen médico de oncología a mi correo.

«El tumor del señor Díaz, ha remitido de manera inexplicable y natural, luego del dictamen de "incurable" por medio de la ciencia médica actual»

GRACIAS. HECHO ESTÁ.

44.
LA RESPUESTA ES DIOS

En cierta ocasión tuve una charla con jóvenes en Sacramento, California, una de las ciudades estadounidenses con mayor cantidad de inmigrantes latinoamericanos, principalmente mexicanos. Casi todos los jóvenes que asistieron a la reunión, aunque provenían de familias católicas practicantes, se mostraban dubitativos en su fe en Dios.

«La fe en Dios requiere no sólo preguntas sino iniciativas. Para Dios la fe y la humildad de corazón son muy importantes: «Creo en Ti y te acepto con total convicción de que enviaste a tu hijo, Jesucristo, el maestro de la misericordia a salvarnos» Esto es una declaración de fe y confianza; pero sobre todo de obediente dependencia en Dios y Jesús, que ha muerto y resucitado. Solo Él puede ser tenido como único mediador entre nosotros, y Dios. A través de la fe, que es el fruto que Dios nos da, podemos encontrar la felicidad y la salvación. La fe no ha de ser ciega; no debemos creer meramente en algo, sino en alguien: en Dios y su promesa ilimitada de amor incondicional y salvación»

— ¿Es posible perder la fe en algún momento, padre Camilo? —preguntó un chico de unos dieciocho años.

«Hay que entender que la fe no es como estar aislados en el atalaya de un castillo. No es en lo absoluto aislarse intelectualmente, en algunas cosas abstrusas de la teología, que resultan complejas. Tenemos que apegarnos al plan de salvación de Dios para con nosotros. Eso es el amor de Dios para con nosotros: una entrega incondicional que acepta la salvación por Cristo Jesús. Es como el amor. Es la total y voluntaria decisión para ser envuelto enteramente y entregarse, como se hace con otra persona cuando existe una relación amorosa. Así pues, la fe, se constituye en un puente fundamental que nos lleva a la Fuente de gracia, y desde el cual podemos ver el castigo como algo lejano de nosotros, un abismo en que vemos los pecados que nos fueron perdonados y ahora nos dirigimos a estar en paz con Dios. Sólo la fe en sí misma nos salva. San Pablo fue uno de los filósofos que más ha hecho hincapié en este sentido. Él dice que no es en sí mismo, el cumplimiento de la ley sin objeciones, ni tampoco las obras de misericordia, las que nos salvan sino la propia fe por sí sola, al perdonar y vivir como el maestro Jesucristo de la misericordia, estamos viviendo en fe. La fe nos salva de volver a caer en el odio, que es el alimento de Satanás. En la fe nos quitamos la cadena, el grillete que nos ata a Satanás y estamos en paz con Dios. La respuesta es solo una: Dios. Así que hay que practicar el verbo de la fe todos los días, hermanos.»

En estos días que duró mi estadía en esta ciudad de Estados Unidos, el Creador del universo realizó grandes milagros sobre todo de conversiones y de activación de la fe que mueve montañas en la gran mayoría de estos jóvenes, ya que salieron dispuestos a vivir diferentes a todo mundo, con la certeza de ser amados por Jesús de la Misericordia.

Muchos de estos chicos fueron liberados de espíritus de sexo, drogas, pornografía y alcohol. Yo solo puedo dar testimonio de lo que he visto y oído, solo puedo creer que Dios tiene el poder de cambiar nuestra vida, si le dejamos ingresar. Dios es amor.

Grandes prodigios y milagros tiene Dios para tu vida, sólo abre tu mente y tu energía a una nueva vibración y sabrás lo que son los milagros, además, podrás crear tu propio universo en la medida que avanzas.

Gracias Mi Señor Dios, por tanto amor para mí, gracias Jesús por estas siempre conmigo y gracias Virgen María de Guadalupe por abrazarme.

GRACIAS. HECHO ESTÁ.

45.
UN HOMBRE DE "FE" QUE NO CREE

Aunque hay personas que padecen la ceguera, ya sea de nacimiento o por cualquier otra circunstancia, no hay peor ceguera que la de quien no quiere ver las cosas. "Yo soy La Luz del mundo y quien me sigue no caminará en las tinieblas" dice el evangelio de Juan 8-12.

Me encontraba en Ciudad de México y durante las eucaristías de sanación y liberación, acudió Berenice, una hermana de un convento de las clarisas, que había empezado a perder la visión hacía algunos años a causa de un glaucoma.

Aunque acudió a varios médicos, no le daban esperanzas de que pudiera recuperar la visión. La hermana llegó junto a otra monja que la acompañaba. «Padre Camilo —me dijo cuando me escuchó—, por su voz, siento que usted tiene un don que Dios le ha dado, para la sanidad».

Empezamos la misa y la hermana Berenice, estaba extasiada orando. Se sentía en ella una fe auténtica, aunque no pudiera ver, ella estaba allí no por ser curada sino por el amor genuino que sentía por Dios.

—Sólo quien tiene fe, podrá ser sanado —dije a todos los asistentes— Te pedimos, Dios, a través de tu hijo, Jesucristo, el maestro de la misericordia, que cures a todos los que están presente ahora en este mismo instante. En tu santo nombre, amén.

La hermana Berenice se acercó al altar y yo hice la señal de la cruz sobre sus párpados, que ungí luego con aceite exorcizado, posteriormente impuse mis manos sobre su cabeza orando:

—Decreto que el fuego sanador de Dios te toque y te devuelva la luz, hermana. Expulso de ti toda ceguera, toda enfermedad de glaucoma por la sangre de Jesús y por sus llagas, ordeno que sus ojos vean ahora por los clavos de Jesús. Gracias Hecho está—oré ante la hermana Berenice.

Un rato después, ella se acercó, tomó mis manos entre las suyas y las besó. Me miró y me dijo:

—Padre Camilo, usted está bendecido por Dios. Empecé a sentir un calor muy fuerte cuando usted puso sus dedos sobre mis párpados con aceite. Ahora, puedo ver su cara. En sus ojos está el amor de Dios.

La hermana Berenice ahora ha recuperado la vista, gracias a su fe en Dios. Es una mujer que ha renovado su espíritu, «es como si hubiera vuelto a nacer», dijo.

GRACIAS. HECHO ESTÁ.

46.
SOY TESTIGO
DE SU AMOR

He podido dar fe del testimonio de amor de Dios a través de la sanación.

En la unidad de cuidados intensivos de un hospital de Nueva York, había ingresado el padre Philip. El diagnóstico que le habían dado era devastador. Una enfermedad pulmonar que lo tendría atado a una bala de oxígeno durante su vida. Era un hombre relativamente joven, apenas tenía 55 años. Sus pulmones no le permitían subir un escalón sin tener un ataque de tos. Dado que no podía salir del hospital. Decidimos hacer un retiro espiritual y comunicarnos con él a través de una videollamada.

Cabe recordar que la oración de sanación y liberación a distancia es también muy poderosa, no se tiene que tener la persona enferma frente a ti, sino que puedes utilizar la tecnología para comunicarte y orar con cualquier persona del mundo, pero también puedes hacer sanación a distancia con una fotografía de la persona por la cual deseas orar. En la sanación a distancia se mueve la energía divina que pasa confortando. El Espíritu divino va y viene, donde se le invoca con fe y amor.

Luego, hice una oración por su sanidad. «Padre Philip, la mano de Dios está obrando en este momento sobre usted. Sobre sus pulmones enfermos. Cierre los ojos y ponga su mano sobre el pecho.

Yo al otro lado de la video llamada, cerré también mis ojos, me concentré y envié amor incondicional a los pulmones del padre Philip, decretando y ordenando por la sangre de Jesús que saliera toda inflamación e infección de sus pulmones. Luego sentí como de sus pulmones se desprendía un aire o sobre de color negro, que era el espíritu de enfermedad y luego ordené que se retirara por la boca, saliendo a la luz de Dios, para que nunca más regresara. Gracias. Hecho está.

Esta oración no duró más de 5 minutos, pero yo sabía en fe, que Dios ya había actuado.

Al día siguiente, nos llamó y con la cara resplandeciente de felicidad nos dijo.

—Hermanos, ayer, cuando hicimos la oración pude sentir como ardía mi pecho. Era la llama de Dios obrando en mí. Sanándome. El médico volvió para hacer los exámenes de rutina y proseguir con el agresivo tratamiento que tienen que hacerme. Lo que más lo sorprendió fue ver la mejoría evidente de mis pulmones. "Esto no me lo va a creer, padre Camilo, pero las manchas en el pulmón —señaló con un láser la radiografía—, está remitiendo. Le he dado muchas vueltas al asunto el día entero y no tengo una explicación de ciencia que dar fehacientemente"

—Entonces... ¿estoy curado? —le preguntó el padre al médico.

—Digamos que es una remisión espontánea. Llámelo usted milagro, padre.

Pasaron 3 meses más y toda la enfermedad remitió totalmente para el asombro de muchos, inclusive la fe del padre Philip, creció de gran manera, porque ya pasó de creer en Dios a creerle a Dios.

GRACIAS. HECHO ESTÁ.

47.
DIOS TIENE LA
ÚLTIMA PALABRA

El don de la sanación siempre resulta misterioso. En una comunidad carismática en la ciudad de San Juan, Puerto Rico, estábamos reunidas cerca de mil quinientas personas en un estadio de béisbol. Mientras se sucedía la eucaristía, pude notar como una mujer estaba postrada en el suelo, llorando. Aunque esto resulta común en la mayoría de las misas, esta mujer me llamó la atención por su actitud.

Así que decidí llamarla a la tarima, donde estaba instalado el altar. Le pedí el favor que diera su testimonio. La mujer, intentando controlarse, pues estaba bastante alterada por la emoción, dijo:

«Quiero decirle, padre Camilo, que mi hija ha estado muy enferma, ya que tiene una enfermedad neurológica que la hace perder la consciencia y tener vómitos y temblores. Mi hija estuvo hospitalizada durante muchos meses en un hospital, pero no había mayores esperanzas de recuperación. Mientras usted estaba haciendo la eucaristía, yo hablaba con ella por llamada y le mostré la cantidad de personas que estaban orando por su sanación. Y lo que sucedió a continuación, no me lo van a creer, porque ni siquiera yo misma puedo creérmelo: mi hija empezó a sentir un gran calor que recorría su cuerpo entero, hasta llegar a su cabeza. Ella se asustó mucho porque pensó que estaba empezando a darle una fiebre y estaba sola en la casa en ese momento. Me dice que se siente mejor, incluso, se ha podido sentar en la cama, algo que no podía hacer desde niña.»

Yo le contesté instintivamente: ¿Puedes traer a tu hija?

Ella afirmó que nunca había intentado sacarla, solo para ir al hospital. Yo le dije que la esperaría. La mujer fue por su hija y retornó casi una hora después en su silla de ruedas.

«Levántate ahora te lo ordeno por las llagas de Jesús, te expulso enfermedad neuronal y espíritu de parálisis. Le ordeno a tus neuronas que se reseteen y declaro que están sanas ahora por los clavos de Jesús. Decreto que camines y te levantes de esa silla ahora —le dije a la niña—. En el nombre de Dios y del maestro de la misericordia Jesucristo, te ordeno ahora que camines.»

La niña intentó levantarse, y finalmente lo consiguió. Caminó unos pasos hasta la tarima.

«¡El señor te ha sanado!».

Este milagro fue muy poderoso, y gracias a este acontecimiento miles de personas crecieron en su fe y amaron más al Creador del universo.

GRACIAS. HECHO ESTÁ.

48.
RENACER EN
EL ESPÍRITU

Una mujer de edad mediana, residente en Croydon-Londres, estaba muy abatida, tenía el alma rota y buscó ayuda porque no era capaz de soportar el dolor. Consiguió mi número y me llamó.

«Padre Camilo, tengo casi 50 años y mi hijo tomó la decisión de quitarse la vida (sollozó y luego de un rato de llanto, prosiguió). Yo no tengo el valor para hacerlo, o de lo contrario, no lo dudaría, aunque sé que es un pecado mortal. Quiero que me ayude a sanarme y a darme paz y a que el alma de mi hijo pueda descansar en paz.»

Le dije que viniera a verme a mi despacho en Londres. Nos citamos. La escuché y luego oramos con oración de fe, que mueve montañas. Yo sabía que el amor de Dios sanaría su alma rota, y le levantaría para tener una vida nueva.

«Tu hijo se ha arrepentido de tomar la decisión en ese último momento cuando estaba ya muriéndose —le dije, mientras estábamos orando— Ahora que estás aquí conmigo, y has orado, en el Nombre de Dios y de su hijo Jesucristo, el maestro de la misericordia, él ha sido perdonado y verá la luz de Dios. Perdónalo tú por lo que hizo y te perdonarás a ti misma. Podrás vivir en paz y continuar tu vida».

Desde que él había muerto, la mujer sentía una opresión en el pecho que no la dejaba vivir, experimentaba deseos continuos de suicidio, pero en el momento mismo de la oración de fe, desapareció toda baja vibración y sentimiento negativo.

«Siento el olor de su perfume, padre Camilo. Está aquí conmigo mi hijo, puedo sentirlo», dijo la mujer.

Le dije, quiero que cierres los ojos, pienses en Él, le digas lo mucho que lo amas y que lo perdones. Dile que tu seguirás tu vida y por último quiero que le des un beso y un abrazo, para luego enviar su espíritu a la luz de Dios.

Ella, cerró sus ojos, en silencio comenzó a llorar, estaba en ese momento siendo sanada, el amor de Dios la estaba abrazando, estaba dejando descansar en paz a su hijo.

«Hijo puedes descansar en paz, —le dije en voz alta—. Dios te ama, te ha perdonado, quiero que te vayas a la luz de Dios, allí te espera, vuela y descansa. Amén.»

Es importante saber que muchas personas que mueren de modo violento, repentino, por suicidio, o aquellas que se han marchado sin cerrar algunos ciclos mientras estaban en este plano de existencia o que estaban apegadas a cosas materiales, personas, etc, se quedan atrapadas, sin poder cruzar a la luz de Dios, porque muchas veces no saben que han muerto y continúan como si estuvieran vivas.

Es increíble ver y sentir la gran cantidad de almas errantes que van y vienen por este tercer plano de existencia, sin saber a dónde ir. Muchos bebés que son abortados también se quedan atrapados en este plano, por esto a ellos hay que bautizarlos, o consagrarlos a Dios mediante oración y el uso de agua exorcizada o bendecida. Además, a estos niños no nacidos hay que ponerles un nombre. Algunas personas no se van porque simplemente no tuvieron rito funerario y hay que realizarles de modo simbólico un entierro.

Definitivamente este mundo espiritual es muy apasionante y si lo aprendes, desarrollando todas tus habilidades espirituales te cambiará la vida. Por eso atrévete a estudiar en Ascended Master Method® para convertirte en un ser de luz.

GRACIAS. HECHO ESTÁ.

49.
SOLAMENTE TÚ, MI DIOS

Estaba en el sur de los Estados Unidos, en la frontera con México. Allí la comunidad estaba ansiosa de recibir el mensaje de Fe. Nos facilitaron un espacio amplio, un coliseo para competencias universitarias. En estos eventos suceden cosas extraordinarias. En aquella reunión llegó una mujer con una niña pequeña muy enferma, con la esperanza de que pudiera ser sanada. Sin embargo, se encontraba muy mal y fue necesario llevarla a un centro hospitalario. La niña tenía una grave complicación neurológica que amenazaba su vida.

Tenía episodios convulsivos a causa de la epilepsia. Los galenos decían que las esperanzas de cura o de que la niña pudiera llevar una vida más o menos normal, eran escasas. «Oraré por ella», fue lo único que pude decirle a la mujer para consolarla, Dios tiene un plan y una promesa para ella y para ti. Dejamos el lugar, sin saber qué había pasado con la pequeña.

Varios años después, unos siete u ocho para ser exactos, me encontraba en la ciudad de Atlanta durante una misa de sanación y liberación. Al terminar la primera misa de las tres eucaristías diarias que celebraba, ser acercó a mí una mujer de edad mediana, junto a una adolescente muy bella.

—Padre Camilo, ¿nos recuerda usted? —me preguntó la mujer.

Yo las miré, pero no podía tener claridad entre mis recuerdos. «Conozco tanta gente, que me resulta difícil recordar a cada persona», respondí.

Entonces la mujer me empezó a contar la historia que había pasado hacía tantos años. La chica había sido llevada al hospital. Justo cuando yo me encontraba haciendo la oración por la curación de su hija, ella empezaba a sentir la mano sanadora de Dios. Era demasiado joven para recordar lo que pasó, pero su madre le contó que había tenido una fiebre súbita y luego cayó en un sueño profundo del que no despertó sino tres días después. «Pensé que mi pequeña iba a morir», contó la mujer. Sorprendentemente, la niña salió del lamentable estado en que se encontraba.

«Fue como un renacimiento. Ella era diferente; parecía otra, completamente renovada —dijo la madre— Las convulsiones habían desaparecido. Los médicos estaban asombrados, no cabían de la sorpresa ¿Cómo se había logrado remitir un estado así de grave? No tenía explicación. Durante varios meses los médicos me entrevistaban para saber en qué consistía aquella milagrosa curación.»

—Yo soy esa niña, padre Camilo —me dijo la joven, presentándose ante mí— Luego de la recuperación, mejor dicho, de la sanación milagrosa, pude volver a mi vida normal. Terminé la preparatoria y fui a la Universidad de Harvard a estudiar por una beca que me gané. Hoy en día

estudio medicina y quiero agradecerle a usted y darle gracias a Dios por darme el don de la sanidad.
GRACIAS. HECHO ESTÁ.

50.
EL AMOR
SALVA

Un hombre de unos cincuenta años acudió a un encuentro carismático en la ciudad de Manaos, Brasil. Recorrió diferentes médicos, chamanes, brujos y pastores que decían que había que hacer un ritual de exorcismo para poder curarlo. Jorge, era un hombre católico, piadoso y muy creyente. En su desesperación, escuchó de las misas de sanación y liberación que yo realizaba alrededor del mundo. Entonces decidió hacer todo, inclusive hipotecar su casa para atravesar el país para acudir a la eucaristía. Él tenía la fe, que sería tocado por amor de Dios, el mismo Jesús de la misericordia le levantaría para una vida nueva.

«Padre Camilo, por favor, ¿podría hacer una oración de sanación por mí? —me pidió Jorge— Tengo una leucemia mieloide que me amenaza.»

Jorge, asistió con su compañera, quien lo ayudó y apoyó en todo momento. Durante la eucaristía estuvo orando en primera fila.

Al final de la eucaristía de sanación, me dijo que sintió una ola de calor que lo consumía por dentro. «Es algo que no puedo explicar, pero sentí como me estaba curando Dios, con la mano sanadora de Jesucristo».

Volví a encontrarme en otro momento con Jorge y su esposa, la mujer con la que fue a la eucaristía. Me dio testimonio que Jorge, se curó de su enfermedad y ahora vivían en Río de Janeiro, donde se organizaba ahora un encuentro carismático.

El evento fue un gran éxito. Jorge prometió que, a finales de año, viajaría a Inglaterra con su esposa para celebrar su luna de miel, gracias a su negocio que estaba creciendo mucho. Jorge era comerciante de joyas. Quería darme una sorpresa durante la visita que me prometió.

A finales de ese año, me encontré con la esposa de Jorge, en Londres, donde resido. Me contó que justo un mes antes de viajar, fue asaltada la joyería del que era propietario y fue herido de gravedad. No hubo nada qué hacer, había venido a Londres a entregarme un anillo de oro y diamantes que él mismo había diseñado para mí, como regalo de agradecimiento.

Agradecí su regalo, pero le dije que subastaría el anillo y el producto del dinero, lo daría a obras de beneficencia para orfanatos y asilos de ancianos en Inglaterra.

«Quiero que sepa, padre Camilo—me dijo la viuda—que estoy muy agradecida con usted por haber cambiado nuestras vidas y convertir nuestra unión, en los últimos años, en una experiencia gratificante que hace gracia a Dios. Mi marido era otro desde que le conoció a usted, estaba muy feliz y era un hombre de fe. Yo sé que el Creador del universo le cuida y mi marido se encuentra ahora con mi buen Dios »

GRACIAS. HECHO ESTÁ.

51.
CREER
SIN MIEDO

Una multitud asistía a un círculo de milagros en la ciudad de Acacías, Meta. Dentro de los casos más impresionantes que pude ver allí, era un joven con una parálisis de las dos piernas. Lo ayudaba a caminar su mamá. Los aparatos ortopédicos en sus piernas, le daban un aspecto inhumano, casi como si fuera un robot. Las personas lo miraban con compasión. Pero lo más importante es que seamos vistos con misericordia y amor por parte de Dios y Jesucristo.

El círculo de milagros transcurría y las personas iban y venían. Era un acto multitudinario de fe en uno de los departamentos más grandes de Colombia. Gran cantidad de prensa y de medios reconocidos, asistieron para grabar y hacer entrevistas. Entre éstas, registraron a la niña con parálisis.

Ella nació sin problemas, pero cuando empezó a caminar, se manifestaron los primeros síntomas del mal que le impedía ahora poder llevar una vida corriente, como el resto de las niñas de su edad, que estaban en ese momento, mientras ella luchaba por poder moverse, jugar, reír y gozar de su niñez.

«Es una prueba que Dios pone en tu vida tan joven aún —comentó un amigo sacerdote—.

El padre Camilo tiene el don carismático de la sanidad y la liberación. Pídanle que interceda ante el maestro Jesucristo de la divina misericordia, para que tengan sanidad y la niña pueda volver a caminar»

Es natural que en estos eventos siempre haya alguien que va en calidad de observador, pero se muestre muy crítico, incluso, agresivo con sus comentarios acerca del círculo de milagros.

«La idolatría de muchas personas, las hace venir a estos círculos para buscar sanaciones milagrosas fuera de la ciencia médica», estaba diciendo un periodista de un canal de noticias muy importante, mientras presentaba la nota.

Mientras esto sucedía, yo elevaba una oración al cielo para pedir con auténtica fe, la sanación de los enfermos que asistían y también para quienes verían la transmisión por Internet. Yo sé que Dios es bueno y fiel y la fe activa el poder de Dios para que sucedan grandes y extraordinarios prodigios.

«¡No puede ser, esto es un milagro, Dios mío!», dijo alguien en el público.

En medio de la multitud, la niña que tenía parálisis, empezó a moverse con fluidez hacia el altar, encima de la tarima.

El periodista que estaba emitiendo la noticia, no sabía qué decir. No daba crédito a lo sucedido y se tornó pálido.

—Hay que creer sin miedo —le dije luego— Dios no tiene miedo de amarnos y nosotros no debemos sentirlo tampoco. Dios es fiel.

GRACIAS. HECHO ESTÁ.

52.
LA GLORIA DE DIOS, ES EL HOMBRE VIVIENTE

Ante Dios todos somos iguales. Eso dice la Escritura. Nos encontrábamos en el sur de Italia, en Nápoles, organizando una escuela de carismas. Italia es uno de los países más católicos y de mayor cantidad de fieles de todo el mundo. Como si hubiera sabido que estábamos reunidos allí, acudió a la reunión un hombre que se movía con ayuda de unas muletas.

«Buenos días, padre Camilo», saludó. «Quiero pedirle que me permita entrar. Anoche tuve un sueño muy extraño. San Genaro, el santo patrono de Nápoles, me indicaba esta misma puerta en el sueño, en el que me decía: "Ahí debes buscar la sanación para tu mal". He llegado aquí como he podido.

Le hice seguir. Le pedí que se uniera al círculo de oración, con fe. Sobre todo, con eso. Si no hay eso, no hay nada, le advertí. Así que era necesario, antes de pedir a Dios, a Jesucristo, al Espíritu Santo o a San Genaro, cualquier cosa, tener fe fuerte como una roca, que Dios es capaz de hacer posible lo imposible.

Hice referencia al pasaje del Nuevo Testamento en la Biblia en que el maestro Jesucristo de la misericordia, sana a un paralítico en el Evangelio según Mateo (Mt. 9.1-8; Lc. 5.17-26), cuando Jesús vuelve a Cafarnaúm a predicar la palabra y vinieron a él unos que traían un paralítico, que era cargado por cuatro. Ya que no podían acercarse, pues la multitud era grande, descubrieron el techo de donde estaba, e hicieron una abertura por la que bajaron la camilla en que yacía el paralítico. El maestro Jesucristo de la misericordia se sorprendió de la fe que tenían y dijo al paralítico: Hijo, tus pecados te son perdonados. Allí había algunos escribas que cavilaban en silencio a sus corazones «¿Y éste por qué habla así? Blasfemias dice. ¿Quién puede perdonar pecados, sino sólo Dios?»

Como Jesucristo conocía lo que cavilaban, les dijo: «¿Por qué caviláis así en vuestros corazones? ¿Qué es más fácil, decir al paralítico: Tus pecados te son perdonados, o decirle, levántate, ¿toma tu lecho y anda? Pues para que sepáis que el Hijo del Hombre tiene potestad en la tierra para perdonar pecados» Y entonces le dijo al paralítico: «A ti te digo: Levántate, toma tu lecho, y vete a tu casa. Así pues, se levantó en seguida, y tomando su lecho, salió delante de todos, de manera que todos se asombraron, y glorificaron a Dios, diciendo: Nunca hemos visto tal cosa.

Luego de decir esto, el hombre que llegó con un par de muletas, que había dejado al lado de la silla en la que penosamente consiguió sentarse, se paró, como si se hubiese olvidado de que era paralítico. Cuando se percató de ello, inconscientemente, cayó al suelo y empezó a llorar y dijo:

—Esto es un milagro, padre Camilo, esto es un milagro para la Gloria de Dios.

GRACIAS. HECHO ESTÁ.

53.
ESTA VIDA LOCA,
CON SU LOCA REALIDAD

Una jovencita llamada Sara estaba muy grave a causa de una insuficiencia renal, aguardaba por el milagro de un trasplante de riñón. Dado que era muy complicado conseguir quien se lo donara, veía como se agotaban sus días conectada a una máquina de diálisis. La familia había agotado todos los recursos de la ciencia, pero nada había surtido efecto. «Sólo queda esperar que Dios se apiade de mi hija», dijo el papá resignado.

Con tan solo veinte años, estar prácticamente condenada a morir, es algo muy triste. A pesar de estar en Nueva York, donde la ciencia médica muestra sus avances cada día, no podían hacer nada para salvar a esta joven.

Un día la joven le contó a su madre que tuvo un sueño extraño. Un sacerdote la tocaba y ella ardía como una antorcha y su enfermedad se reducía a cenizas. Ella pensó que su hija estaba perdiendo la cabeza.

Coincidencialmente, me encontraba en Nueva Jersey en un encuentro carismático con personas de varias partes de América Latina. Una persona, la madre de un joven estudiante de medicina, estaba muy preocupada. Al preguntarle el motivo de su angustia, me contó que una amiga de su hijo, estaba muy enferma en el Memorial Hospital.

«Si tan solo tuviera un consuelo espiritual —comentó— la fe es reconfortante en esos momentos de dificultad»

Le propuse que podríamos ir a verla y orar por su sanidad, ya que en su grave condición la muchacha no podría acudir a la reunión. Llegamos al hospital y luego de hablar con las enfermeras y el médico en jefe, finalmente nos autorizaron el acceso a la unidad de cuidados intensivos.

Muchos enfermos agradecieron que yo hiciera presencia allí, ya que las normas excluían cualquier tipo de acceso de ministros, pastores, sacerdotes o rabinos. El dogmatismo científico muchas veces no permite que las personas en sus últimos instantes, puedan tener el consuelo de su fe en Dios.

La joven, cuando estuvimos frente a ella, se sorprendió mucho. Su madre y su padre se alteraron, como si hubieran visto un fantasma. Les dije que estaba allí para dar consuelo espiritual. «Mi hija no se está muriendo», dijo su padre. Le dije que lo hacía para ayudarla a tener fortaleza. Oramos y pedí por la sanación de la joven.

En ese momento ungí de aceite exorcizado a la joven enferma, luego renové su bautismo dejándole caer agua sobre su cabeza y pronunciando la fórmula: Yo renuevo tu bautismo Sara, en el Nombre del Padre y del Hijo y del Espíritu Santo. Amén. Posteriormente di de beber un poco de agua exorcizada a la joven.

Luego cerré mis ojos, concentré mi energía interna, impuse mis manos sobre su cabeza y decreté con oración de modo verbal y mental: te ordeno insuficiencia renal, depresión, ansiedad, dolor físico, mental y emocional, que salgas del cuerpo de Sara ahora, por la sangre de Jesús, por las llagas de Jesús. Les ordeno y decreto, riñones, que funcionen ahora por los clavos y las llagas de Jesús. Y envío la insuficiencia renal a la luz de Dios. Gracias. Hecho está.

«Mamá, mamá, siento que me quemo por dentro», gritó la muchacha. Ella comenzó a sudar sin control, su cara de supo roja del calor, era algo extraordinario. La parte donde están ubicados sus riñones se puso más caliente que todas las demás áreas de su cuerpo. Yo sabía que Dios estaba actuando y se manifestaría de modo muy poderoso para bien de todos.

Las enfermeras y los médicos llegaron a ver, pero no tenía fiebre ni ningún síntoma de colapso.

Dos semanas después, la joven fue dada de alta. «Función renal normal. No hay ningún rastro de insuficiencia», escribieron los médicos en su dictamen científico.

GRACIAS. HECHO ESTÁ.

Capítulo 4

CON AUTORIDAD Y ORACIÓN DE FE

54. MI ALMA ESTÁ SATISFECHA

Durante una Navidad que pasé en Nueva York en un seminario de sanación y liberación, caminaba por una de las calles principales de la ciudad, cuando pude ver un espectáculo que me pareció estremecedor. Un grupo de hombres iban en un automóvil muy antiguo. Llevaban el estéreo a todo volumen. Sonaba una música de alabanza. Se detuvieron en el semáforo, justo frente a mí. Yo iba cargado de paquetes para entregar a los niños y gente enferma en la Navidad.

«Padre, por favor, bendíganos», me pidió uno de los hombres.

«Benditos sean todos, Dios le ama mucho», contesté haciendo la cruz con la punta de mis dedos. Iba a seguir mi camino, pero se me ocurrió que podría hacer algo para alegrarles la Navidad.

«¿Qué les parece si pasan por la 52 Street, a esta dirección que les voy a dar? Vengan mañana, que es la víspera de Navidad. Podemos hacer una oración y compartir la cena.»

Al día siguiente, estaban los hombres del automóvil, frente al salón donde muchas personas habían llegado a celebrar una fría noche de víspera de Navidad. La nieve arreciaba y la temperatura había bajado hasta dos grados centígrados.

Todos tenían una discapacidad. Unos más graves que los otros. Dos eran veteranos de guerra y habían perdido algunas partes de sus cuerpos. Había uno, que quedó con una parálisis permanente luego de una fiebre muy alta.

Cenamos un pavo con salsa de ciruelas. La mesa era amplia y les dije que ¿por qué no recreábamos la última cena que tuvo el maestro de la misericordia, Jesucristo, en Jerusalén?

Bebimos y comimos y luego oramos. Pedí por la sanación de cada enfermo en ese salón y la liberación espiritual de quienes sufrían, o eran atormentados por cualquier entidad o demonio.

Uno de los hombres que bajaron del automóvil, cayó al suelo y empezó a retorcerse. Botaba espuma por la boca. Luego de un rato, se reincorporó. Dios lo había liberado de un demonio que le atormentaba. Luego otra persona en muletas sintió mucho calor en su cuerpo y caminó sin la ayuda de las muletas. Otras personas fueron sanadas y liberadas de espíritus de soledad, tristeza, suicidio, muerte, depresión y ruina. El amor de Dios se había manifestado grandemente en aquel lugar.

«Dios mío, esto es un milagro, un verdadero milagro en Navidad», dijo uno. «Hemos venido a comer y estamos saciados, pero lo más importante, es que nuestra alma está satisfecha en Dios.»

GRACIAS. HECHO ESTÁ.

55.
ES UNA FUERZA INTERIOR

La oración de fe es una herramienta muy poderosa, que permite al espíritu conectarse con la divinidad. La oración es practicada por todas las religiones o espiritualidades; se pueden encontrar paralelos en otros credos alrededor del mundo. Los monjes del Tíbet tienen una gran disciplina al momento de orar. Dios es de todos y ninguna religión o creencia es dueña de Él. Dios va, viene y actúa donde se le cree, sin importar la religión. Dios responde con amor a la oración de fe, que mueve montañas, porque el Creador del universo nos ama a todos de modo incondicional, sin importar nuestro pasado. El amor de Dios hace mejor nuestra vida cuando le dejamos entrar, para que lo haga todo nuevo, haciéndonos recursos de las mismas cenizas del dolor o de la misma muerte, para darnos vida en abundancia.

Yo estaba en un retiro espiritual con un sacerdote que estaba dándonos una conferencia sobre cómo realizar una oración profunda y entrar en conexión con Dios. Algunas santas famosas como Santa Teresa de Ávila o Sor Juana Inés de la Cruz, tenían éxtasis místicos durante la oración, los sueños o incluso en las vigilias de la noche.

El sacerdote, padre Gabriel, nos contaba cómo consiguió curarse de una enfermedad que lo atormentaba durante varios años, que le causaba profundos dolores en las articulaciones.

Llevé a cabo los ejercicios espirituales con el padre Gabriel. Una noche tuve un gran dolor de cabeza y nada lo calmaba. Entonces apliqué la técnica del padre Gabriel. Me concentré y logré relajarme y conectarme con la divinidad, con el espíritu de Dios que habita en el interior de todos; porque tú eres esencia divina, eres una chispa divina, eres increíble y tienes derecho divino de acceder a lo eterno, a lo que satisface el alma y la vida, dándole un nuevo impulso y propósito. Recuerda que tienes derecho real de utilizar la energía divina y tu propia vibración para sanar el planeta, los animales, las plantas, y a todos aquellos que estén dispuestos a acceder y disfrutar de los milagros.

Estábamos lejos, en una casa de campo al norte de España, en León, por lo menos a tres horas del pueblo más cercano. El padre Gabriel me preguntó si no me había sucedido sentir un calor intenso cuando se hacía la oración invocando el don de sanación.

Le respondí afirmativamente.

Entonces me respondió que eso mismo era de lo que hablaba en la Escritura el profeta Malaquías, con el fuego purificador. Esa es la energía, es una "fuerza interior" que emana de Dios y que sana el espíritu y el cuerpo.

Para mi es importante recordarte que puedes desarrollar tus dones espirituales, elevar tu conciencia y vibración a un nivel superior, donde lo imposible se hace posible desde la Fe que mueve montañas. Todo aquello que deseas se hace realidad, si crees con todo tu corazón, decretándolo por las llagas de Jesús, por el nombre de Jesús, por la sangre de Jesús y por los clavos de Jesús. Tienes el poder de crear tu propia realidad, donde todas las oportunidades se desbloquean y todo se mueve desde la vibración del amor y la compasión.

En este retiro tuve la oportunidad de autosanarme del dolor que me afectaba, sabía que Dios me amaba y siempre lo he tenido a modo de certeza, una verdad en mi vida que es eterna y que nadie ni nada puede robármela. Cada día de mi existir, he podido experimentar el amor del Maestro Jesús de la Misericordia, me siento acompañado en mi vida y sé que Dios vive en mí y yo vivo en Dios, que somos uno solo.

Hoy, el universo se encuentra realizando grandes cambios en todos los niveles, especialmente en lo que tiene ver con la espiritualidad, la vibración y la energía. Es un nuevo tiempo, una nueva era de cambio y de crecimiento energético para el planeta y para todo el universo. Somos afortunados de vivir en este momento de la historia. Estás destinado para cosas grandes y tú lo sabes, tu naturaleza divina lo sabe.

Es clave saber que hay una forma de conocimiento de Dios, que va más allá del puro estudio, de los intelectuales, la razón y que lo enriquece: la experiencia de sentirme amado por Dios y poner en el Creador el objeto primordial de mi amor. A este tipo de conocimiento de Dios por la experiencia del amor se le llama mística. Los grandes maestros místicos de todas las religiones, espiritualidades y filosofías de vida, son los que han sabido dejarnos por escrito su propia experiencia fe.

Ser una persona mística es posible para todos ahora, si te entrenas en nuestra escuela: Ascended Master Method® podrás desarrollar todos tus carismas y dones espirituales para convertirte en un gran místico, capaz de crear una nueva realidad desde la fe, la conexión contigo mismo y con Dios.

Karl Rahner, uno de los grandes teólogos del siglo XX, hizo esta afirmación emblemática: "el cristiano del futuro o será un místico o no será cristiano". E insistía: "sin la experiencia religiosa interior de Dios, ningún hombre puede permanecer teniendo fe a la larga bajo la presión del actual ambiente secularizado".

Cuando este gran teólogo afirma, "el cristiano del futuro o será un místico o no será cristiano", yo lo entiendo de modo más amplio, dado que aplica para todos los seres de luz que están buscando elevar su vibración. Puedo decir, las personas del futuro serán místicas y espirituales o no serán. NO habrá lugar a personas tibias, en el sentido de que si queremos que nuestra vida se cumpla como seres de luz, debemos reconocer el amor de Dios en nuestra vida, sabiendo que somos una chispa divina, somos esencia divina y esta certeza nos hará experimentar la vida de otro modo, es decir una manera más intensa y real. Donde el mal y el dolor son derrotados, estando en capacidad de sacar nuestros propios aprendizajes de las distintas situaciones.

Te invito para que te atrevas a reconocer que eres un místico, con todo el potencial para mover la energía y vibración a un nivel más elevado.

GRACIAS. HECHO ESTÁ.

56.
LA ENERGÍA DIVINA DISPONE

Felipe es un hombre que inmigró a Inglaterra a finales de los años noventa, desde Colombia. Era una persona correcta, respetuosa, pero tenía un problema con el alcohol. Esto le traía muchos inconvenientes puesto que muchas veces se dejaba llevar por el impulso y recaía.

Sin embargo, en el trabajo esto no le daba problemas, él era un piadoso católico y me lo encontraba en la iglesia todos los domingos.

«Estoy muy angustiado, padre Camilo—me comentó—, pues he tenido recaídas con el alcohol...no me puedo dar el lujo que quedarme sin trabajo, además siento mucho desespero, soledad, angustia y en algunos momentos deseos de suicidarme. Siento que mi vida no vale nada».

Le dije que hiciéramos una oración de sanación y liberación; que no se preocupara, pues yo seguiría orando con fe, para que no tuviera problemas en su vida y le liberara de todo demonio y espíritu de alcohol.

Era uno de los mejores técnicos en la empresa en la que trabajaba. El único problema que tenía es que, para el gerente general, que era de religión musulmana, no le gustaba que Felipe orara con otros trabajadores, en el tiempo libre en el lugar de trabajo. El gerente llamó aparte a Felipe y le advirtió que, si volvía a hacerlo, entonces lo sancionaría con una semana sin trabajo. Apeló por su libertad de culto, pero no sirvió de nada. Entonces me llamó muy preocupado. Le dije que oraría por él, para que su jefe cambiara de opinión y le permitiera orar en su lugar de trabajo, en su tiempo de libre, sin interferir en sus horarios laborales. Todos estos momentos de oración comunitarios, los hacían después de la hora de comer, con una duración de 15 minutos.

Así lo hice esa noche. Pedí para que Felipe no tuviera problemas en su trabajo.

Al día siguiente, hablamos. Felipe estaba muy contento.

«Es algo increíble, padre Camilo—me dijo—. No sé qué ha sucedido, pero esta mañana, mi jefe me llamó a la oficina. Pasé miedo, dije, Dios mío, que no me vayan a botar del trabajo.

Mi jefe me autorizó quince minutos diarios para que ore, si así lo deseo; esto, siempre y cuando mantenga mi productividad. Sentí como si hubiera una luz, un aroma, una energía distinta en el sitio de trabajo. La hostilidad de mi jefe se fue milagrosamente»

La energía divina siempre dispone y trabaja a nuestro favor, le dije.

Luego le dije que le haría sanación crística biomolecular, a distancia por su problema de alcohol y depresión.

Oré y decreté con fe, y el buen Dios, le libró de su angustia y vicios. A la sexta noche de oración a distancia. Felipe se despertó sudando, fue corriendo al baño y vomitó, saliendo de su estómago un líquido verde y un olor nauseabundo.

Mientras vomitaba cuenta Felipe, que sintió que salía de él un espíritu malo, abandonaba su cuerpo una energía parasitaria y negativa. Sabía que estaba siendo liberado de un vicio que estaba ya anclado en lo profundo de su ser, pero para Dios nada hay imposible.

Hoy Felipe, da testimonio de las maravillas que Dios ha hecho en él. Ahora es un hombre nuevo y vive a plenitud. **GRACIAS. HECHO ESTÁ.**

57.
PROPÓSITOS DIVINOS

Una pareja de esposos ecuatorianos que vivían en Madrid, tenían un hijo con un diagnóstico de cáncer óseo. En su afán de buscar una salida para la salvación de su hijo, hicieron todo lo posible para conseguir un trasplante. Literalmente, hicieron campaña en todas las emisoras, redes sociales; por cada calle y local de Madrid. Ya no sabían qué hacer, cuando me enteré en un local al que voy a comer comida latinoamericana, de la situación del niño.

Decidí llamar a la pareja. Les dije que si era posible ver al niño. Me dijeron que por supuesto, mostrándose muy complacidos de que un sacerdote viera a su hijo.

Johann era un niño que había padecido mucho. Su rostro proyectaba dolor, sufrimiento y deseos de no vivir más. Yo sentí profunda compasión por él, sabía que Dios, me había llevado a aquel lugar para manifestar su amor en aquel niño.

Nos reunimos todos alrededor de la imagen de la santísima Virgen de Guadalupe. Oramos con fervor. Le pedí al maestro Jesucristo de la misericordia, que me permitiera darle sanidad a Johann. Puse mis manos sobre su cabeza. El niño, cerró los ojos y perdió el sentido.

Yo seguí orando con oración de fe, decretando y ordenando que el cáncer abandonara los huesos de Johann para siempre, todo esto lo hice en nombre de Jesús, por las llagas de Jesús, por la sangre de Jesús, por los clavos de Jesús. Luego envié el cáncer óseo a la luz de Dios, ordenando que nunca más regresara. Agradecí al maestro Jesús de la Misericordia, porque en fe, yo sabía que estaba ya sano.

Al cabo de un rato, volvió en sí el niño.

«Sentí mucho calor y un olor a rosas; vi una luz muy brillante —contó Johann—. Una voz de una mujer me dijo: "Dios te abraza y te protege". Entonces desperté. Era la virgen María, quien me abrazaba y vi también a Jesús».

La semana siguiente recibí la llamada desde España. Era el papá de Johann. Se puso a llorar.

«Padre Camilo. Quiero agradecerle… mi hijo Johann, estuvimos con él… en el médico… nos dice que la enfermedad ha remitido un setenta por ciento . Esto quiere decir, que está curado en gran parte. Los médicos dijeron que de seguir así, estará sano totalmente en menos de seis meses. No tengo palabras para expresar lo que siento. Sé que hay un propósito divino para él. Dios es fiel»

GRACIAS. HECHO ESTÁ.

58.
LA CIRUGÍA DEL MAESTRO JESÚS

Era un jueves y el domingo, el día del Señor, el hijo de Paul y Judith, sería operado de un tumor cerebral. Estaban muy preocupados. El pequeño Joseph, de apenas cinco años, entraría a la sala de cirugía y era de alto riesgo.

«Padre Camilo—me pidió Paul—, ¿puede usted orar por nuestro hijo, para que salga bien la cirugía»

«Por supuesto, claro que tendré al pequeño Paul en mis oraciones», dije.

El domingo, entró a cirugía el pequeño.

Paul y Judith, se reunieron conmigo y oramos durante varias horas ante una imagen de Jesús que me había regalado un sacerdote español de Sevilla. Era una obra del siglo XVI, hecha por un maestro y consagrada por el obispo de la ciudad de esa época. Se le atribuían milagros, siempre y cuando se le pidiera con mucha fe.

«Esto es la clave de que Dios pueda sanar —comenté—; el maestro Jesucristo de la misericordia escucha solo a quienes se dirigen a él con oración de fe que mueve montañas»

La cirugía terminó cerca de las nueve de la noche. Todos estábamos agotados.

Paul y Judith fueron a esperar las noticias al hospital. Cerca de la medianoche, recibí la llamada, y la buena nueva llena de júbilo para nuestra fe.

«El niño está bien —me contó Paul—. Fue una cirugía muy difícil, y dijo el neurocirujano, literalmente, fue como si Jesucristo guiará mi mano, sentí una presencia amorosa todo el tiempo en la sala de operación. Sabía que Dios estaba allí, es la primera vez que me pasa esto»

Yo sé en fe, que el maestro Jesús estuvo presente en la sala de cirugía y guío la mano del cirujano y todo el equipo médico, porque la posibilidad de morir en aquella cirugía era de un noventa por ciento. Así que esto me ratifica una vez más el poder de la oración de fe.

GRACIAS. HECHO ESTÁ.

59.
AL MODO
DE DIOS

Lo miré a los ojos. Eran blancos. José, un hombre de unos sesenta años, empezó a perder progresivamente su visión. Aunque no era un mal hombre, carecía de fe. Asistía a las misas de sanación y liberación, pero lo hacía sin fe. Reprochaba. Estaba lleno de rabia. Decía que no tenía sentido seguir orando, ni creyendo en Dios y continuamente renegaba de su propia vida. Le dije que tuviera fe; sin ello no podía dejar que obrara el maestro de la misericordia Jesucristo en su propia vida.

«Pero si el mismo discípulo, Santo Tomás, no creyó y tuvo que meter el dedo en la herida», me dijo José.

«Vamos a orar, mi hermano —lo reprendí cariñosamente—. Pero vas a hacerlo como nunca antes lo has hecho, con fe. Tienes que tener fe para poder ver, literalmente. Abre los ojos de tu espíritu a Dios. Deja que las cosas se hagan al modo de Dios y no al modo tuyo.»

Así lo hicimos. Oramos. Hicimos un gran círculo tomados todos de la mano.

Recordé el pasaje de Juan capítulo 9, cuando El maestro Jesucristo y sus discípulos encuentran a un hombre ciego de nacimiento. Ellos le dicen que era por causa de sus maldades, que no podía ver. Entonces, el maestro Jesucristo de la misericordia, tomó barro, lo mezcló con su saliva y frotó sus ojos con ella. Enseguida le dijo que se lavara los ojos.

Yo tomé agua bendita y aceite e hice lo mismo en los ojos de José.

Empezó a dar gritos. Todos se asustaron y lo rodearon, creyendo que algo le había pasado.

«Me quema, me quema, Dios mío, por favor, mis ojos arden como si me quemara».

Luego, José se arrodilló y empezó a llorar. Las lágrimas cubrían su rostro. Eran lágrimas gruesas y de color blanquecino.

Cuando oramos y decretamos que estaba sano por la sangre y las llagas de Jesús. José se levantó y lo miré a los ojos. Eran de un color verde oliva.

«¡Estoy sano, puedo ver, padre Camilo, puedo ver —dijo saltando y gritando—! ¡Gloria a Dios!»

GRACIAS. HECHO ESTÁ.

60.
DE LA MUERTE
A LA VIDA

En Sacramento, California, en un congreso de sanación y liberación, sucedió un hecho bastante peculiar en el que me vi enfrentado al enemigo. Allí hay una gran población de inmigrantes latinoamericanos. En un rincón de la cocina de la congregación, encontramos un altar con figuras talladas en madera negra y la efigie de San Lázaro, que en las islas de Cuba, los llamados brujos santeros, usan la imagen de este santo para hacer brujería y le llaman, "Babalú". Le dije al padre organizador del evento que había que retirar aquello del lugar.

Así se hizo.

Un rato después, mientras estábamos en medio de la misa de sanación y liberación, en el momento más importante, se presentó un hombre vestido totalmente de blanco. Se quedó en la puerta, mirando fijamente hacia la tarima donde estaba el altar. Yo seguí haciendo la eucaristía y entonces, el hombre me señaló desde aquel lugar.

Resultaba obvio que aquel sujeto intentaba amedrentarme, por medio de algún tipo de hechizo. Este era uno de los llamados "paleros", que en el rito de brujería cubana, son los encargados de realizar todo lo que tiene que ver, con estos abominables actos de destrucción espiritual.

«No te tengo miedo —le dije desde la tarima— Dios está conmigo, las huestes divinas del maestro Jesucristo de la misericordia me protegen. La espada de fuego de San Miguel pende sobre la cabeza del maligno. Retírate de aquí ahora, que este lugar es sagrado en el nombre de Jesús. Vete ahora por la sangre y los clavos de Jesús»

Cuando dije esto, el brujo, pareció irse de espaldas y cayó de rodillas. Era como si un gran peso hubiera caído sobre él, y no lo pudiera sostener. Sabía que Dios lo había tumbado, no dejaría que me pasara nada malo, porque me cuida siempre.

«Dios es la luz y da la vida, quien está consagrado en su fe, va de la muerte a la vida. El maligno no tiene cabida, ni podrá triunfar aquí, porque ésta es su casa y aquí están sus huestes angélicas».

Luego, el brujo se levantó, como espantado y salió corriendo de allí.

Esta fue una situación a la que ya me he acostumbrado, la visita del demonio o sus emisarios en muchos momentos de mi vida, porque es preciso recordar que entre más cerca estás de Dios, más cerca te encuentras del demonio.

A lo largo de mi servicio espiritual, he sentido que personas malas me hacen brujerías, hechicerías y me envían mediante conjuros toda clase de enfermedades y demonios, para que me hagan daño, pero yo soy propiedad de Dios, y me cubro con la armadura y la sangre de Jesús y nada puede pasarme, porque él me cuida.

GRACIAS. HECHO ESTÁ.

61.
BRUJERÍA

Una mañana, mientras estaba en Cúcuta, Colombia, tuve que tomar un taxi, ya que el que había pedido al hotel, no llegó; entonces, salí a la calle a buscarlo. Luego de esperar un buen rato, apareció finalmente un taxi libre. Las placas tenían los números 666. No le presté atención a eso, puesto que no soy una persona supersticiosa, y lo abordé. Mientras recorríamos las calles de Cúcuta, pude ver que sobre el panel del taxi, una serie de figuras usadas por los brujos, como María Lionza, adornaban el vehículo. No pude resistirme y preguntarle al taxista cuál era su religión o espiritualidad.

«Pues, no soy creyente —me respondió—. Iba a la iglesia mucho, pero desde que mi hija enfermó, dejé de creer en eso. Ella me ha ayudado mucho», dijo señalando la imagen.

«Eso es idolatría», comenté. «No es nada buena la práctica de la brujería, hermano. Eso lo que hace es atarte a ti y a tus generaciones futuras».

Le dije que era sacerdote y que lo invitaba a asistir a una eucaristía donde se hacía sanación y liberación. Lo invité a ir con su hijita. El taxista cambió su expresión y me miró con cara de pocos amigos. Para Dios nada es casual le dije, mirándolo a los ojos.

Sorprendentemente, al otro día, el taxista llegó al lugar donde realizaríamos la misa de sanación y el círculo de milagros. Sin embargo, se quedó en la última silla, junto a su hija enferma.

Hice la oración de fe, pidiendo para todas las personas enfermas que estaban en aquel lugar, la sanación. Alcé las manos y dije que el manto del maestro Jesucristo de la misericordia y la Virgen María, sanen todas las heridas del alma y del cuerpo y comencé a nombrar y expulsar una lista de enfermedades de todo tipo que Dios mismo ponía en mi mente. Yo ordenaba que abandonaran los cuerpos y las almas de los presentes en nombre de Jesús, por sus benditas llagas y por su preciosísima sangre. Enviaba todas las enfermedades tanto físicas, mentales, emocionales, espirituales, ancestrales y energéticas a la luz de Dios.

Al terminar la misa y el círculo de milagros, se acercó el taxista junto con su hija. La niña sonreía con una expresión que iluminaba su rostro.

«Papí, ya no me duele la cabeza», le dijo.

El taxista retiró de su panel de instrumentos del taxi, las imágenes que tenía y puso una de la Virgen del Carmen y se volvió una persona de fe. Su hija había sido curada de todas tus enfermedades y él había sido sanado y liberado del demonio de la brujería.

GRACIAS. HECHO ESTÁ.

62.
PROMESA
CUMPLIDA

La palabra de Dios es poderosa. Nadie puede quedar indiferente ante ella. Incluso el mismo Maestro Jesucristo de la misericordia, fue hostigado por Satanás en el desierto durante cuarenta días. Fue durante un círculo de milagros que realizaba, en donde un joven que realizaba rituales satánicos y brujería, hizo su aparición allí. Era un joven con tatuajes con demonios en sus brazos, cara y cuello, vestido de negro, con una camiseta con un pentagrama invertido, con unos ojos oscurecidos por el odio y la maldad.

Llevaba en su cuello una cadena, con la que intentó inicialmente quitarse la vida, pues tenía marcado el rastro sobre su piel, y posteriormente, se la quitó y la enrolló en su puño con la intención de atacar a alguno de los participantes en el círculo de milagros. Sin embargo, fue en dirección al altar, donde yo estaba. Se dirigió con la mirada llena de odio y lanzando improperios contra mí y contra Dios.

«Esto es una farsa. Una gran mentira —gritó agitando la larga cadena en su puño—: Satanás es el señor del mundo y yo vengo a hacer justicia en su nombre»

Aunque los miembros de la logística del círculo de milagros intentaron someterlo por la fuerza, los lanzó contra las sillas y las paredes. Estaba sin duda poseído por un espíritu demoníaco y el sansonismo; la fuerza desmedida para un hombre de su contextura contra cuatro hombres que eran mucho más fuertes, era la demostración fehaciente de este fenómeno. Sin duda este hombre estaba poseído por varios demonios.

No tuve miedo, pues estaba bajo el manto de Jesucristo y protegido por su sangre preciosa. Entonces alcé La Biblia y la enarbolé como si fuera un escudo cuando el joven corrió hacia mí para lesionarme.

«¡En el nombre de Dios y de su hijo Jesucristo —le dije con autoridad—, te ordeno que calles y que salgas demonio de ese cuerpo que no es tuyo! Sal ahora en el Nombre de Jesús, te lo ordena la sangre de los mártires, te lo ordena la virgen María de Guadalupe. Fuera ahora, te envío a la luz de Dios. ¡Reclamo a esta joven propiedad del Creador del Universo!».

El joven se detuvo en seco, unos cuantos pasos antes de quedar frente a mí, desplomándose y convulsionando, botando espuma por la boca y poniendo sus ojos en blanco.

Luego me acerqué al joven, le ungí con aceite exorcizado, le rocié agua exorcizada y puse unos granos de sal marina exorcizada en su boca.

Unos minutos después, volvió en sí como aturdido. Preguntaba dónde estaba y qué había pasado. Por obra de la palabra del Señor, fue liberado definitivamente de aquel espíritu maligno que lo atormentaba.

El poder de Dios está por encima del maligno, así que nada puede pasarte. Eres un ser de luz

GRACIAS. HECHO ESTÁ.

63.
MODO INSTANTÁNEO

Aún recuerdo aquel invierno en Roma-Italia. Me estaba hospedando en unas residencias apostólicas cerca a Piazza San Pietro, en el corazón del catolicismo universal. Estaba muy contento porque, luego de varios años, podría volver a reunirme con mis antiguos compañeros de estudios teológicos. Era Navidad. Justo en medio de la cena, el padre Pietro dijo que había olvidado algo.

«Es un vino de misa para la acción de gracias, ¿podrías ir a comprarlo al autoservicio?», me pidió el favor padre Pietro, un hombre ya anciano.

No me iba a negar. El vino se llamaba L'Annunziatta o algo así y tenía una paloma en la botella. Fue algo anecdótico, así que no le di mucha importancia y salí a la noche romana, en medio de la nieve que caía sobre la calle y empezaba a cubrirlo todo.

Al entrar al autoservicio, fui directamente al aparador para buscar la botella, pero no la encontraba. Durante varios minutos estuve dando vueltas en la sección de vinos, pero no la podía encontrar. Al dirigirme al cajero para preguntarle, una mujer de edad madura, me llamó.

«¿Padre, por favor, puede ayudarme? Tengo un problema lumbar muy grave. Me cuesta trabajo agacharme y necesito ese bote de crema instantánea para alisar el cabello»

La mujer empezó a contarme que había sufrido un accidente en moto y sufrió la lesión por lo que fue operada y desde ahí andaba jorobada, con grandes dolores en la espalda.

«Me hice Testigo de Jehová, y pensé que Jesús me ayudaría y curaría mi enfermedad, pero no fue así»

Le dije que Jesús nunca desamparaba a nadie. Que tenía que darle una segunda oportunidad y él lo haría con ella. Él conoce el corazón de los hombres.

Era una situación peculiar que nunca me había pasado. Fuimos hasta la caja y allí, en el mostrador estaba la botella de vino que tanto busqué. La botella de vino y el bote de crema instantánea, me estaban dando una señal que tardé en ver.

«Dios mío, qué dolor tan grande tengo», dijo la mujer.

«Oremos —le dije al salir del autoservicio a la nieve, que caía inclemente— Necesita orar en esta noche en que el maestro Jesucristo de la misericordia ha nacido para nuestra salvación».

Pedí por su sanidad y le di un abrazo. En ese momento la mujer me dijo. «Me siento nuevamente convertida, consagrada a Dios. Siento que me quema la espalda. No tengo dolor alguno».

Dios tiene modos instantáneos de operar, y nos habla en el lenguaje cotidiano, sin que nos demos cuenta. La mujer fue sanada de modo instantáneo y ahora da testimonio de lo que Dios puede hacer.

Otro testimonio mediante una carta:

La carta reza: Todavía recuerdo padre Camilo, que hace apenas 4 semanas el médico oncólogo del hospital en Madrid –España, me dijo que mi hijo Alexander tenía máximo 15 días de vida, por causa de la mortífera enfermedad que recorría su sangre.

Me indicó – a mi hijo de 14 años, le diagnosticaron una leucemia muy agresiva. Recuerdo que el médico me dijo que aprovechara esos últimos días de vida con Alexander, así estuviera aislado en un cuarto especial diseñado sólo para mantenerlo vivo, al menos por ese tiempo antes de que muriera.

Yo "Teresa", su madre, podía verlo muy poco tiempo sin antes someterme a cuidadosos procesos de desinfección corporal. No podía besarlo sin tapabocas, ni podía tocarlo.

En pocos días mi hijo estaría muerto y nadie podía hacer nada por él. Así que recurrí a la única opción que me quedaba: orar y pedir que oraran por mu hijo, ya moribundo.

Mi hijo es un joven alto para su edad. Y para tener leucemia, me negaba a creerlo.

Por eso le digo padre Camilo, sin titubeos que a mi hijo Alexander lo salvó Dios y usted. Así de sencillo.

Recuerdo, la mañana que le llamé sin conocerle, porque su número de teléfono me lo dio una amiga suya, que tenemos en común. Le pedí que orara por mi hijo y le conté lo que pasaba. Usted me dio esperanza y me habló del amor de Dios y que la fe puede destruir la más mortífera de las enfermedades. Usted me prometió que oraría por mi hijo y eso me devolvió la fe.

Después de un examen en días posteriores; el médico, me llamó y me dijo tan asombrado como lo estaría cualquiera ante una situación similar, que la leucemia de Alexander había desaparecido y que podía ser dado de alta de inmediato.

Recuerdo padre Camilo, que temía que el cansancio de tener que trabajar de día y cuidar a mi hijo de noche me hubiera hecho escuchar algo mal, así que pedí al médico volver a leerme el diagnóstico, el cual decía nuevamente que el cáncer no estaba ya en la sangre de mi hijo. Estaba sanado de la leucemia contra todo pronóstico. Las explicaciones de todos los médicos se redujeron a una sola palabra: fe.

Gracias padre, porque yo sé que usted realizó un círculo de milagros de dos horas con varias personas, que decretaron que mi hijo estaba sano y volvía a su casa vivo.

Gracias porque usted me enseñó que la fe activa el poder de Dios.

GRACIAS. HECHO ESTÁ.

64.
UNA
PREGUNTA

María, una mujer muy piadosa, fue diagnosticada con un cáncer muy agresivo en los ovarios y la matriz, que la estaban matando lentamente. Ayudaba mucho a su comunidad y se quitaba el pan de la boca para dárselo a quien verdaderamente lo necesitaba, todo en nombre de Dios.

«Esas son situaciones que algunas veces suceden en nuestro camino de vida, pero debemos tener fe, le dije»

«Pero a veces son demasiado duras, padre Camilo—contestó—; no creo que pueda aguantar, siento mucho dolor y hasta rabia con Dios, por lo que me pasa. Además, si muero, ¿quién cuidará a mis hijos?»

La invité a renovarse en su fe. Iba a realizar un círculo de milagros holístico, por la sanidad y liberación de los enfermos. ¿Por qué no va usted? La invité. Me dijo que no tenía con quién dejar a sus hijos. «Puede llevarlos, no tiene problema con eso, tenemos un grupo de voluntarios que cuidan los hijos de los asistentes mientras ellos oran al Creador del Universo», le dije.

El domingo, pude verle llegar de la mano de sus dos hijos menores y una jovencita adolescente. María se sentó, totalmente agotada y con el rostro transfigurado por el dolor y el cansancio. Ella sabía que la enfermedad del cáncer avanzaba, y quería matarla.

«Suba, señora María, por favor, a la tarima —la invité— y hagamos una oración de fe por la sanidad tuya. Le dije Dios te ama y se manifestará grandemente en este momento, para que muchos crean, que él está vivo. Gracias a tu testimonio de vida, muchos volverán a Dios. Eres de gran bendición para nosotros»

Penosamente, con la ayuda de su hija mayor, logró remontar las escalinatas y ponerse de pie ante el altar, delante de todos los presentes.

«Oremos, amigos en la fe. Dios está presente aquí para sanar los cuerpos y las almas enfermas. Tomémonos de las manos», y nos tomamos de las manos, toda la gran multitud de personas presentes en aquel círculo de milagros.

En el ambiente se sentía una vibración de paz y amor. Sabía que la energía divina estaba presente, como siempre lo está respaldando mi trabajo espiritual y energético. Además, en aquel momento se hicieron presentes los ángeles, y san Miguel arcángel, que siempre está conmigo cuando realizo sanaciones y exorcismos. Era este un instante muy poderoso, porque también estaba presente nuestra señora la Virgen María de Guadalupe y el sitio tenía un olor a rosas frescas.

Estábamos orando con fe, y María se desmayó, comenzando a sudar de un modo desproporcionado, se sentía como si de ella saliera un vapor caliente, especialmente de su parte íntima que era, donde se localizaba el cáncer agresivo.

Pasado unos 10 minutos María no recobraba el sentido, así que llamamos a la ambulancia, que la recogió para llevarla al hospital.

María permaneció 3 días en estado de coma, y había mucha incertidumbre, por lo que podría suceder, pero yo sabía que Dios la había sanado y pronto daría testimonio de su obra de amor en ella.

-En la tercera noche, María se despertó del estado de coma en el hospital, gritando y llorando. Luego dijo a la enfermera que llegó, como respuesta a sus gritos: Estoy sana, Jesús de la misericordía me ha visitado, estoy sana y prosiguió llorando de alegría.

Esa misma semana, hicieron exámenes para comprobar el avance de la metástasis que amenazaba con quitarle la vida. Pero luego de realizar varias verificaciones, los médicos se presentaron ante María:

—Señora, aunque usted presentaba una condición muy grave —explicó el jefe del colegio de médicos oncólogos—, con una metástasis que afectaba varios órganos como son los ovarios y la matriz, hemos verificado su estado general y… estamos sorprendidos ¿Qué pasó? Usted está sana, sin cáncer.

Esa fue la gran pregunta que la ciencia médica no pudo explicar de la prodigiosa sanación de nuestra amiga en la fe, María.

Dios es fiel y siempre escucha la oración de fe…siempre, porque la fe activa el poder de Dios. Porque yo creo en un Dios que hace posible lo imposible.

GRACIAS. HECHO ESTÁ.

65.
CAMINA A
MI LADO

Dios no desampara a sus hijos. La vida de Juan es paradigmática al respecto. Nacido en una familia disfuncional de inmigrantes puertorriqueños a Harlen. Su padre, un alcohólico y su madre, de vida disoluta y nocturna, creció en un barrio marginado, rodeado de violencia y crimen. Cuando su padre asesinó a su madre por celos, Juan quedó prácticamente huérfano. Al quedarse solo, fueron las pandillas las que asumieron el papel de tutores del niño Juan.

En un edificio abandonado, creció durmiendo en las habitaciones plagadas de cucarachas y ratas. Consumiendo heroína y cocaína, además de empezar a hacer carrera en el mundillo del tráfico de narcóticos.

Los caminos de Dios son misteriosos, pues siempre enlaza los destinos de quienes lo necesitan a él en su vida, de la manera que sea.

En el vecindario de Harlem, había una escuela de carismas, que yo había creado con ayuda de un sacerdote amigo. El padre Quinn me pidió que acudiera a hacer terapia espiritual a los jóvenes que acudían a la fundación, que mi colega fundó en el barrio más violento de los Estados Unidos.

«Hay muchachos de distintas condiciones —me contó el padre Quinn—Narcotraficantes, atracadores, violadores, criminales juveniles que han pasado por diferentes reformatorios sin éxito alguno en su redención. La única salida que les queda es el amor en Dios. Camilo, tú tienes la capacidad de sanar por medio de la palabra de fe. Ayúdalos, porque Dios siempre te respalda»

Decidí hacer una terapia de sanación y liberación, escuchándolos, ya que esta catarsis permite liberarse tanto psicológicamente como espiritualmente. Ahí fue donde hizo su aparición Juan. Desde el principio se mostró reacio a aceptar la palabra de fe, como fuente de manifestación de misericordia.

EL joven se enfrentaba, literalmente a mí, exhibiendo toda su hostilidad y violencia psicológica en mi contra. Cuando fue su turno de presentarse ante todos, entonces arremetió, con rabia en su mirada:

—Pues yo quiero saber, si Dios es tan bueno, entonces por qué me dejó en esta situación; por qué permitió que mi madre muriera asesinada a tiros a manos de mi padre y que él fuera a dar a la cárcel. No entiendo cuál es el amor que me tiene. Si eso es amor, entonces los miembros de la pandilla del otro lado del barrio, son mis hermanos, mis brothers.

Esto dijo Juan, con rabia, frustración y resentimiento contra el mundo entero.

Pedí a Dios y ordené que le quitara la soberbia y la arrogancia del corazón a Juan. Luego me acerqué a él y le di un abrazo delante de todos, y le dije que el Creador del Universo le amaba, que sabía por cuanto dolor había pasado, pero que sería una persona nueva. Le dije déjate amar por Dios, en ese momento invité a todo el grupo de jóvenes para que le dieran entre todos un gran abrazo de amor.

Recuerdo que Juan lloró, porque nunca en su vida nadie le había abrazado, era la primera vez que sucedía; al terminar ese momento, cayó de rodillas y levantó los brazos al cielo y dijo: Soy tuyo Dios mío y continuó llorando. Yo sabía que el amor del maestro Jesús le había tocado el alma. Ya él era diferente, la energía y vibración que le rodeaba era otra. El milagro estaba hecho.

Luego Juan se me acercó de nuevo, me dijo que le ayudara y me pidió perdón. La oración de fe, hizo que Juan se convirtiera en un hombre nuevo y verdadero.

Ahora camina a mi lado. Es quien organiza los grupos escuelas de carismas y ayuda a ex pandilleros a rehabilitarse. **GRACIAS. HECHO ESTÁ.**

66.
INUNDADOS POR LA ENERGÍA DIVINA

La fe es algo increíble, maravilloso, que cambia la vida de quien decide vivirla. Quien escuche este testimonio, podrá no creer, pero la fe es necesario, que se viva para poder conocerla profundamente.

Jesucristo, el maestro de la misericordia, pone en nuestro camino todos los elementos y posibilidades para guiarnos hacia él. Cuando el maestro Jesucristo llega a la casa de Jairo, su hija había muerto. Esto devastó a aquel hombre, pero, no perdió la fe. Entonces el maestro de la misericordia, hizo el prodigio de levantarla de entre los muertos. En otra ocasión, hizo lo propio con Lázaro, cuando llevaba varios días de muerto. Marta, ¿crees que yo soy la resurrección y la vida y que quien cree en mí, aunque estuviere muerto, vivirá?

Ella le respondió que creía. Tal es el milagro de la fe, es decir creerle a Dios, que es capaz de hacerlo, porque él hace que lo imposible sea posible, así es su promesa.

Durante un viaje que hice a República Dominicana, realicé un ministerio de sanidad y liberación. Un hombre que estaba desahuciado, pidió que, por favor, le grabaran mi prédica y se la dejasen oír en su lecho de muerte. Cuando el hombre estaba a punto de expirar, pidió que le cumplieran su deseo.

Mi voz resonó en la habitación y cuando el hombre cerró los ojos, todos creyeron que su hora había llegado. En efecto, luego de acudir a la casa el empresario funerario, organizaron todo para el velorio en su propia casa. Cuando se preparaban a llevarlo a la funeraria para preparar su cuerpo para el velorio, alguien puso mi prédica en el equipo de audio de la casa. El revuelo en el barrio fue increíble. El hombre, se levantó de la camilla de muerto cuando lo iban a subir al coche de la funeraria para llevárselo. Luego dijo: «Gloria a Dios. He visto el cielo y el infierno. Pero tengo una nueva oportunidad de vivir, gracias al maestro Jesucristo».

Este testimonio fue muy poderoso, y no quiere decir que el hombre haya muerto, sino que según dice él mismo, entró en un éxtasis espiritual en donde fue llevado ante Dios, a un lugar hermoso y fue el mismo Dios quien le dijo que se regresara, porque tenía la misión en este plano de dar testimonio de su amor, por muchos años más. Cuando el hombre regresó estaba sano de todas sus enfermedades y Él dice que esa conexión con Dios la logró, por la oración de fe, que yo estaba realizando por internet y que él en su lecho de muerte pidió escuchar.

El maestro Jesús dice, que si tenemos fe, podremos hacer obras mayores que las que él ha hecho.

El episodio se repitió.

Un niño que estaba muy enfermo del corazón, repentinamente cayó a cama. En menos de dos días, comenzó a agonizar. La comunidad de Villa Marbón, un barrio de Santo Domingo, quedó consternada.

Una vecina que conocía de la fe que mueve montañas, le dijo a la madre, que estaba destrozada, que había una prédica y oración que yo hice, que estaba grabada, que la pusiera en la casa, para que el niño sanara y volviera de su agonía a la vida.

La mujer, escéptica, incluso se molestó con aquella vecina, porque pensó que estaba burlándose de ella en ese momento de dolor y preocupación; porque, cómo una grabación podría curar a su hijo agonizante, pero lo que la mujer no sabía, era que el que sanaba y devolvía la vida era Jesús y no una grabación.

—Dios es poderoso —le dijo la vecina— Es una prédica muy hermosa, y seguramente la reconfortará en su dolor y Dios hará el milagro si tenemos fe.

La madre del niño, hizo caso y puso por el aparato de audio mi prédica. La sorpresa fue mayúscula, cuando sintieron un golpe en la habitación del niño agonizante. El niño se había despertado y del fuerte movimiento, se cayó de la cama, luego se levantó, como si hubiera acabado de despertar de un sueño.

«¿Dónde está? —preguntó el niño— Pude verlo, mamá: tenía una barba larga y una hermosa túnica blanca. Salía de su cuerpo una energía divina que inundaba todo alrededor».

Era Jesús de la misericordia que lo había sanado y hecho regresar de la agonía de la muerte.

Yo he sido testigo de que muchas de las enfermedades diagnosticadas en personas, que han sido declaradas como "incurables" o "irreversibles", por la medicina han podido ser sanadas por el poder de Dios.

Existen enfermedades que ni siquiera pueden ser controladas por la medicina tradicional, dando la posibilidad al enfermo de abandonarse a la muerte o el sufrimiento porque aparentemente no hay nada que hacer, pero con fe, han tenido la oportunidad de ser tratadas y sanadas, inclusive contra todo pronóstico de la ciencia.

Yo respeto mucho el concepto de la ciencia médica y siempre recomiendo a mis clientes a quienes acompaño en terapia, que vayan al médico. Insisto, son miles los testimonios que comprueban la recuperación de quienes alguna vez sintieron morirse tras una enfermedad terminal.

A veces andamos en busca de salud física y por el mismo trayecto nos sanamos espiritualmente, al encontrarnos con Dios y con nosotros mismos. La mayoría de las veces una sanación física lleva a una curación del alma, al cambio de hábitos y estilo de vida.

Quienes están en búsqueda de alguna curación, antes tienen que tener el firme deseo de cambiar su forma de ser y de aliviar su alma, teniendo como base el perdón, soltando todo odio y rabia, que contamina la vida.

GRACIAS. HECHO ESTÁ.

67.
YO CREO QUE HECHO ESTÁ

Holly es una bella muchacha de una tradicional y espiritual familia del norte de Boston. Su familia, preocupada porque estaba llegando a los treinta años y no conseguía un pretendiente que estuviese a la altura, intentaba presentarle a jóvenes. Pero ella, en un sexto sentido muy agudo, rechazaba a todos porque sentía que no tenían algo que ella sabía era esencial para poder unirse en matrimonio con ellos.

—Siento que no me quieren por lo que soy sino por lo que aparento —les decía Holly.

Siendo una mujer rubia, de ojos azules y cuerpo proporcionado, no se equivocaba. A veces la lujuria se confunde y puede hacer que las cosas parezcan ser lo que no son. Pero Dios tiene sus caminos trazados para cada quien.

Holly fue invitada a un círculo de milagros, en el que sus padres habían participado antes, y había un retiro espiritual de jóvenes. Ella no quería ir. Estaba harta. Todos querían lo mismo con ella, se quejaba con su mamá. Su madre insistió que fuera, que quizá allí estaba ese hombre especial, espiritual y de buenas costumbres que estaba buscando.

La chica no estaba muy convencida. Esa noche, sus padres oraron por Holly, para que le ayudara Dios a conseguir el hombre ideal, el varón de Dios ideal para ella.

Al día siguiente, Holly amaneció animada. Manifestó su deseo por ir al retiro. La condición era que sus padres debían dar el visto bueno al joven que ella eligiera.

El retiro empezó con una eucaristía que yo precedí. Los jóvenes luego compartieron un chocolate alrededor de una fogata. Hicieron un estudio de los pasajes más importantes de La Biblia y luego todos se acostaron a dormir. Pero había un muchacho que le atrajo mucho a Holly. Peter, era un cantante del coro y estaba estudiando teología; quería ser sacerdote.

Al día siguiente, Holly, habló con Peter luego del desayuno. Su temperamento viril, su carácter y su nobleza, le atrajeron mucho. Ella le escribió a sus padres. «Creo que he encontrado al indicado».

En la noche, nuevamente frente a la fogata, estuvieron mucho más cerca y entonces ella le preguntó si pensaba verdaderamente dedicar su vida a Dios. Peter no dudó ni un momento.

Holly le dijo que qué pasaba si encontraba a la mujer de su vida. Contestó que no estaba buscándola. Ella le respondió: «¿Y si ese es el plan de Dios para tu vida y no el de ser sacerdote?»

Eso no lo había contemplado Peter. Era indudable que los dos eran compatibles. Pero se oponía la vocación del joven.

Al día siguiente en los ejercicios espirituales, los dos se reunieron conmigo y me pidieron discernimiento sobre sus vidas.

Yo entré en oración de fe y profeticé sobre ellos. Dios me mostró que tendrían 4 hijos y que servirían a Dios, desde el matrimonio, siendo muy felices y un testimonio de familia.

Los chicos comenzaron un noviazgo y al año Holly presentó a Peter como su prometido. Se casaron. Hoy, la nueva pareja, tiene una fundación para ayudar a niños huérfanos y tienen 3 de los 4 hijos que Dios me mostró en la visión profética. Indudablemente Dios les había llamado a los dos al matrimonio.

Otro testimonio:

Desde que nací dice Andrea, una chica mexicana, mi vida fue traumática, caótica, estaba llena de resentimiento y dolor. A medida que iba creciendo se acrecentaba en mi la tristeza, el odio, la soledad, y abusos tanto físicos, emocionales como energéticos eran mi pan de cada día; llevándome por una vida de inseguridad, inestabilidad, falta de poder personal y desconexión total con el Creador del Universo.

Sentimientos de suicidio invadían mi alma y caí en el vicio del alcohol. Casi no dormía, sólo deseaba morir, sabía que me estaba destruyendo y muriendo poco a poco. El querer buscar amor me llevó a volverme promiscua, creyendo que al estar sexualmente con muchos hombres, llenaría mi alma, pero era peor, porque me sentía usada y luego tirada como una cacharro inútil.

Al encontrar en mi vida a Camilo y su método de entrenamiento Ascended Master Method® mi vida empezó a cambiar, desde la primera sesión; comencé a ver los resultados en mi cuerpo y mi alma, empecé a sentir liberación, a sentir paz a través de la terapia y los seminarios que recibía.

Volví a reconectarme con el universo, volví a respirar vida, a querer estar aquí en este plano, reconectarme con mi poder personal y lo más bello y más hermoso que me ha podido suceder en mi vida: conectarme con Dios Padre Creador del Universo desde el amor, la paz, la alegría, la abundancia, y ya no vivirlo a través del miedo y la necesidad.

He aprendido a despertar los sueños de mi corazón y empezar a manifestarlos y, sobre todo, he aprendido a sostenerme y experimentar que sí se puede lograr una vida en paz, en abundancia y amor, a pesar de haber tenido una historia de vida en donde antes estaba perdida y sin luz.

Me siento muy, pero muy, agradecida por lo que estoy viviendo en estos momentos de mi vida y recomiendo entrenarse en Ascended Master Method® porque te cambiará la vida.

GRACIAS. HECHO ESTÁ.

68.
MIS ESTUDIANTES, GRANDES MAESTROS

Tengo claro, que todos somos canales de la energía divina, que podemos sanar y liberar, toda clase de enfermedades ya sean físicas, emocionales, ancestrales, energéticas, mentales o espirituales.

Lo más importante para que los milagros sucedan es la FE y no la santidad o moralidad, como lo enseñan en algunas iglesias o maestros espirituales. Todos, absolutamente todos sin ninguna distinción, tenemos el poder de invocar y activar el poder de Dios para crear nuevas realidades para tu mayor y más alto bien.

Todos mis estudiantes son maravillosos, grandes e increíbles seres de luz, muy amorosos, que están destinados para transformar el planeta. Todos con la capacidad de sentir cómo el universo conspira a su favor a medida que avanzan.

Quiero dar el testimonio de una de mis estudiantes en Ciudad de México, ella es Paty Maguey, casada, madre de tres hijos y docente de profesión.

Paty, realizó en Ascended Master Method® los seminarios propios del entrenamiento vía online, donde desarrolló una fe poderosa que mueve montañas y cambió muchas de sus creencias, que le limitaban su crecimiento humano-espiritual, impidiéndole llevar su conciencia, vibración y energía a niveles superiores.

Comúnmente muchas de las personas que crecen en algunas iglesias, les enseñan que los únicos que puedes orar por milagros, sanación y liberación, son los pastores, rabinos, sacerdotes o ministros de culto, cualquiera que sea su religión.

Yo creo que todas las religiones son buenas, pero algunas limitan a sus miembros para que aprendan algunas verdades de la fe valiosas, porque se cree que ese tipo de información es solo para algunos miembros "escogidos por Dios y destinados por Él, para una misión especial por encima de los otros". Está afirmación es totalmente falsa, porque todos somos creador por Dios, por tanto tenemos el poder, el derecho divino y somos escogidos para llevar a plenitud la obra del Creador del Universo, a plenitud.

Paty, viene de una familia tradicionalmente religiosa, y esto en cierta manera le impedía orar por otras personas, al creer que esa era una misión única del sacerdote. A pesar que había recibido entrenamiento en los seminarios de sanación y liberación, no se atrevía dar el salto de fe.

En una ocasión le pidieron oración por una niña de 4 años que tenía un cáncer terminal en el tallo cerebral. La niña Rosario Renata y su familia vivía en otra ciudad distinta a la Ciudad de México. Está situación de dolor de la niña enferma, prácticamente le impidió negarse ante la familia.

Llegado el día de la oración a distancia por video llamada, ella un poco nerviosa porque era la primera vez que realizaba una oración de fe, por una persona enferma.

Al comenzar la oración de fe que mueve montañas, sintió como el amor de Dios llenaba su cuerpo y alma de total paz y confianza. Sintió según da testimonio ella, como Jesús de la Misericordia le abrazaba y le decía que todo estaba hecho.

Cerró sus ojos Paty, se conectó con Dios y con su propia conciencia, decretando de modo verbal y mental con autoridad, por las llagas de Jesús, la sangre de Jesús, los clavos de Jesús y el nombre de Jesús, que la enfermedad fuera expulsada del cuerpo de la niña, de sus células y de sus ancestros, rompiendo toda clase de ataduras y maldiciones heredadas.

Toda la familia alrededor de la niña en oración sintió el amor de Jesús. Es tanto así que algunos de los presentes en la oración de fe, experimentaron sudor, otros deseos de vomitar, dolor de cabeza, frio y calor.

Para los que nos dedicamos a la sanación y liberación es común reconocer, que estas sensaciones son señales claras, que Dios está rompiendo maldiciones, bloqueos de todo tipo, además de estar sanando y llenando las almas de estas personas de amor incondicional y sanación.

Terminada la oración Paty, simplemente declaró que estaba hecho y agradeció por la oración al buen Dios.

Esa noche Paty se fue a la dormir pensando, en si realmente la oración había servido para algo. Tal fue la sorpresa que al día siguiente la madre y la familia de la niña, afirmaron que la niña esa noche durmió como hace varios meses no lo hacía, tanto así que, al día siguiente se quiso levantar de la cama para irse a jugar. Esto fue increíble porque desde que le habían detectado el cáncer, no podía levantarse de la cama.

Los padres de la niña afirmaron, que la niña Rosario Renata desde hace varios meses tenía rígidos los pies y las manos, ahora están sueltos, es como si nunca hubieran estado paralizados, afirmaron esto ya es un milagro, como de un día para otro sucede esto, que ni los propios médicos y las terapias habían conseguido. Estamos sorprendidos afirmaron.

La familia de la niña continúa dando testimonio manifestando, que debían aspirarla varias veces al día, ahora ya no, ya tose fuerte y eso es bueno. Dios es fiel.

Mi estudiante Paty, al recibir este poderoso testimonio de fe, producto de su primera oración que mueve montañas, agradeció a Dios y desde ahora vive una fe más intensa, dedicando varias horas del día para realizar oración de sanación y liberación por quien se lo pide. Ya sabe por experiencia que Dios la respalda grandemente, porque Dios es amor y es fiel, Él es el Dios que hace posible lo imposible.

En fe, Paty y la familia ya creen que la niña Rosario Renata está sana del cáncer en el tallo cerebral. Al momento de terminar este libro, se había hecho solamente la primera oración de fe por aquella niña. Pero sabemos con certeza que el Creador del Universo, se manifestará en ella, para que muchos crean que está vivo y actúa de maneras inimaginables.

Así como la estudiante Paty, logra en nombre de Dios Padre Creador y de Jesús, realizar grandes milagros, tú también puedes hacerlo si te entrenas en los seminarios de ASCENDED MASTER METHOD®.

Todas las personas sin ninguna distinción están en posibilidad de reconocerse como grandes seres de luz, amorosos, con una conciencia y vibración nueva. Para mí es un honor recibir de todos mis estudiantes esta clase de testimonios sobre sanaciones, donde agradecen el haber recibido los entrenamientos, porque esto les ha cambiado la vida. Un nuevo impulso y fuerza les ha llenado el alma, porque se han dejado amar totalmente por el Creador del Universo. Ahora saben que son una chispa divina, que son increíbles y que son parte del todo, son esencia divina.

El milagro se hace a través de la canalización de la energía divina, con oración de fe, que mueve montañas. Nosotros sólo somos canales, porque es Dios mismo el que hace el milagro, cuando le creemos.

GRACIAS. HECHO ESTÁ.

69.
ATENDIENDO AL LLAMADO
DE DIOS PARA SANAR

Durante una de mis estancias en Colombia, estando ad portas de una nueva escuela de carismas, en esta ocasión, vía online dadas las nuevas condiciones subyascentes a la pandemia global que estábamos viviendo; recibí la llamada de una joven mujer, era una familiar que no veía hacía más de 20 años, dados los caminos que habíamos tomado para ese entonces, no volvimos a saber el uno del otro. Me contactó con el ánimo de pedir oración por una amiga suya que residía en Carolina del sur en Estados Unidos, quien estaba padeciendo en ese momento el virus del covid 19 que tantas vidas ha despojado de este mundo y que tenía demasiado comprometida su salud física y emocional pues estaba sola con su hijo adolescente; ambos habían contraído el virus, sufriendo mucho en un país diferente al suyo y extrañando irremediablemente todo de su patria; en especial a su familia. La chica y su hijo gracias a su auténtica fe y amor por Jesús fueron sanados y hoy en día son mis estudiantes en la escuela de carismas y loa seminarios de ASCENDED MASTER METHOD®

En gratitud a la oración poderosa de sanación, mi prima Liceth, se comunicó nuevamente conmigo, para pedirme en esta ocasión una oración especial para su familia, en la que tuve la oportunidad de conocer a su esposo y sus hijos; fue en ese momento, que me sentí movido por el Espíritu Santo y les di profecía – David, le dije dirigiéndome al esposo, - siento que Dios tiene un plan para ti, tienes un don de sanación muy fuerte y serás un sanador de multitudes en el nombre poderoso de Jesús. Su rostro no pudo ser más que de asombro - ¿yo padre Camilo? – sí, repliqué, aun sintiendo avivarse en mi corazón la bendición de Dios derramada sobre esta pareja, viéndolos nuevamente rodeados de multitudes llevando el amor y la energía sanadora por todo el mundo, a través de su oración de fe que mueve montañas.

-David, el amado por Dios le dije - no tendrás que buscar a las personas, pues éstas llegarán a tu vida pidiendo la sanación que tanto necesitan y los dos serán un excelente equipo de trabajo para la gloria de Dios; les invité entonces a que participaran de la escuela de carismas que comenzaba en esa semana, a lo que ellos con todo el entusiasmo asistirían ansiosos de aprender a manejar sus dones espirituales ocultos sin imaginar que despertarían a un nuevo comienzo atendiendo al llamado de Dios para sus vidas.

A los pocos días, la pareja de esposos me llama nuevamente, para contarme con gran asombro, que justo a la mañana siguiente de la palabra de profecía dada en la oración, David, había recibido la llamada telefónica de su amigo Omar Charry, quien vive en la ciudad de Bogotá, estaba desolado, desesperado por la angustiosa situación por la que estaba pasando, pues su esposa Natalia, llevaba 15 días recluida en una clínica a causa de una grave afección a los riñones, que comprometía cada día más su salud;

lo preocupante del caso, era que los médicos, pese a sus extenuantes esfuerzos no podían encontrar la solución al problema, por lo que no daban muchas esperanzas a su familia.

El hombre no sabía qué hacer, sus hijos, muy pequeños aún, esperaban el retorno de su amada madre al seno de su hogar, pero dicha ilusión se tornaba cada vez más distante. – hermano dijo David, si quiere hacemos una oración por la salud de su esposa – fue entonces que, por videollamada, empezaron a orar invocando la sangre de Jesús, las llagas de Jesús, los clavos de Jesús reprendiendo en ella toda enfermedad en los riñones, encadenando y amordazando todo espíritu de enfermedad llevándolo a los pies de Jesús, a la luz de Dios y declarándola sana en el nombre de Jesús hecho está, sana está.

En ese momento David siente la energía creadora en todo su cuerpo, como un calor que emanaba de su interior y visualizando a la esposa de su amigo le dice que está sana y que le darían de alta al día siguiente; después de terminar la oración, llega el doctor a la habitación estupefacto y, sin explicarse cómo los resultados de los exámenes que le habían tomado horas antes del encuentro daban muestra de una total mejoría en sus riñones, lo curioso es que en la mañana le habían tomado los mismos exámenes y los resultados habían salido muy mal... estaban aún al teléfono cuando la esposa con gran exaltación le dice a David que si estaba escuchando lo que acababa de decir el médico - los resultados salieron perfectos, aún no nos explicamos el por qué - dijo el médico, - mañana a las 7 de la mañana se podrá ir para su casa señora, está sana. Dios obra de maneras misteriosas e inexplicables. Desde ese momento hasta la fecha, la familia Charry ha gozado a plenitud el regalo de la vida y la salud sin preocupaciones.

Han sido muchos los testimonios que esta joven pareja de sanadores David Urrego y Liceth Arango han presenciado en tan poco tiempo, la ayuda que han brindado a diferentes personas incluso ya en otros países los conocen y buscan para que oren por ellos en busca del amor, la compasión y la misericordia del Creador.

Todo esto a partir de su preparación en la escuela de carismas, en nuestros seminarios ASCENDED MASTER METHOD®, en donde aprendieron a orar de modo poderoso con oración de fe, una fe superior que trasciende al ser desde su dimensión humana, al plano de la energía vital y es que este nivel tan alto de fe, no es un privilegio otorgado a seres excepcionales o de cualidades extraordinarias. No, óyeme bien, cualquier persona en este plano de la existencia, tú, yo y todo aquel que desee servir a Dios a través del prójimo, puede desarrollar la habilidad de sanar y liberar por medio de la oración de fe; de hecho todos mis estudiantes del ASCENDED MASTER METHOD®, aprenden a activar su fe de tal manera que llegan a experimentar grandes milagros, lo mejor de todo, es que ellos pasaron de creer en Dios, a creerle a Dios.

Si Dios fue quien te puso en el lugar donde hoy estás, es porque él sabe que ahí vas a dar mucho fruto. Dios te escogió para grandes cosas. Su tiempo es perfecto.

GRACIAS. HECHO ESTÁ.

70.
UNA MUJER EN
BUSCA DE SENTIDO

Recuerdo que en una de las escuelas de carismas que realicé online, una de mis estudiantes de nombre María Calderón residente en la ciudad de Bay Point California-Estados Unidos, vino a mi escuela para aprender el método de sanación. La primera vez que la vi, sentí que ella guardaba en su alma mucha tristeza, dolor y estrés. Parecía que su vida no tenía sentido, no tenía un propósito que le diera el aliento necesario para continuar existiendo. Es más creo era como muchas personas que están vivas porque respiran, pero están muertas en vida por la tristeza.

Cuando le hice oración, sentí que Dios le amaba mucho, Él me dijo en mi interior mediante una visión espiritual, que haría de ella una gran maestra, una poderosa sanadora, que su vida sería transformada y elevada a un nivel totalmente increíble, para asombro de muchos, pero principalmente de ella misma.

A lo largo del tiempo que María Calderón ha participado en los seminarios y cursos de entrenamiento de dones y carismas espirituales, he visto como ha desarrollado una poderosa fe de milagros, experimentando y siendo testigo de grandes sanaciones y prodigios.

Ella se ha encontrado de modo personal con el maestro Jesús y su mirada cambió, el amor del Creador del universo transformó su vida y a ella misma, ahora su rostro refleja alegría y sus ojos brillan de felicidad, ella es otra persona, es Cristo que habita en ella y ella que habita en Cristo.

María es una mujer de fe que ha sido testigo de muchos milagros, me ha contado cómo el Señor de la vida y de la historia la ha cambiado, dándole un nuevo impulso vital, una nueva energía y vibración.

Ahora su casa familiar, se a convertido en un lugar sagrado de oración donde las almas tristes, enfermas y abandonadas buscan consuelo en Dios. Acude gente de toda la ciudad para solicitar su oración de fe, todos desean que ella ore por ellos.

Varios de los milagros y prodigios de los que ha sido testigo María son los siguientes:

Esto sucedió cuando rezó con oración de fe que mueve montañas, por una mujer australiana de nombre Sophie que vive en California-EEUU. Sophie no podía quedar embarazada, esto le tenía sumida en una terrible depresión y angustia. Además que esta situación le traía muchos problemas y discusiones con su esposo ante la imposibilidad de engendrar bebés.

Sophie lo había intentado por 2 años continuos y el tratamiento le había costado 30 mil dólares. Sophie conoció a María en su propia casa, ya que le visitó por asuntos de trabajo.

Sophie ante su dolor y desespero, comenzó a llorar desconsolada, contándole a María la raíz de su angustia. No te preocupes, Dios es fiel, te voy hacer oración para que sanes en tu vientre y puedas tener bebés, ya que para el

Señor buen Dios, no hay imposibles. Si tu le crees, si tienes fe, afirmó María mirándola fijamente a los ojos.

Ella aceptó recibir la oración de fe y María comenzó a orar con mucha concentración, pidiendo la asistencia del Espíritu Santo, de todos los Santos y de la Virgen de Guadalupe. El lugar se llenó de paz y tranquilidad, comenzó a oler a rosas frescas y el propio san Miguel Arcángel se presentó en aquel sitio para acompañarlas.

En la oración de fe, las dos sintieron mucho calor, comenzando a sudar, y fue en ese momento cuando María Calderón, se vio transportada en una visión profética y le fue mostrado por Dios, que el próximo año Sophie tendría un bebé en sus brazos. Ella aún con los ojos cerrados y envuelta de un estado místico le dijo a Sophie lo que Dios le había mostrado. La mujer se quedó pensando, por las palabras proféticas que estaba recibiendo de parte de María. Pero Dios ya había actuado, estaba hecho.

Pasadas varias semanas, Sophie, se comunicó con María, informándole el milagro de su embarazo, luego le dio las gracias porque sus oraciones fueron escuchadas. Dáselas al Señor porque Él fue el que hizo el milagro, yo soy un instrumento de su amor.

Otro testimonio de un milagro, fue producto de la oración de fe, que hizo por la señora Esmeralda Trujillo. Esta mujer no sanaba de un dedo de su pie que le habían amputado los médicos, producto de la diabetes. La infección generaba mucho dolor, amenazando con extenderse por toda la pierna.

La infección de Esmeralda, ya tenía 5 meses en su cuerpo y cada vez estaba peor. Los medicamentos dados por los médicos, no hacían efecto. Como consecuencia de la fuerte reinfección, incluso volvieron a cortarle otra parte de sus dedos, porque no sanaba.

Cuando María empezó la oración de fe, Esmeralda empezó a sentir mucho calor en todo su cuerpo, era algo desesperante, luego sintió una fuerte punzada en los dedos enfermos y dolor como de cirugía. Al momento le sobrevino mucha tranquilidad y paz, experiencia que nunca había sentido en ninguna oración.

María le explicó, has sentido todo esto porque el maestro Jesús te ha sanado, en unos días tú vas a estar sana y darás testimonio del amor de Dios en tu vida, para que muchos crean que Él está vivo porque actúa de manera compasiva.

Pasados tres días ella fue al médico y este se sorprendió al ver el dedo, preguntándole ¿qué has hecho...? porque el dedo está bien y incluso está cicatrizando. Luego procedió a removerle las costras de su dedo y para la gloria de Dios, Esmeralda empezó a caminar nuevamente cosa que no hacia desde hacia varios meses.

Otra experiencia de sanación en la oración de María, fue protagonista una mujer llamada Teresa, esta no podía participar de la oración comunitaria, porque estaba enferma tenía mucho escalofrío y era un frío tan fuerte que sus dientes rechinaban, generando un dolor insoportable de cabeza y el cuerpo.

María le dijo no te preocupes voy hacer oración de fe por ti, Dios es fiel. Luego empezó a hacer la oración decretando, ordenando que la enfermedad y el dolor se fueran a la luz de Dios. Se podía sentir la presencia del Señor y de la Virgen de Guadalupe en aquel sitio.

La señora Teresa llamó a María el siguiente día, para hablar de lo sucedido en la oración, diciéndole, que Jesús de la Misericordia estuvo en su casa, junto con la virgen María, que le sanaron del frío, dolor de cabeza y cuerpo que la hacia casi morir. La mujer fue curada de todas sus dolencias, estaba hecho, el Creador del Universo había actuado.

Teresa da testimonio que nunca había sentido a Dios tan cerca, siendo desde ese mismo momento otra persona.

Ahora mi estudiante María, ha formado un grupo de oración online y cuando puede lo realiza presencial en su propia casa. Me cuenta que la llaman personas de todo el país, pidiendo oración que alivie sus enfermedades. Hay días que recibe hasta 50 peticiones de oración. Ella también da palabra de fe a todos, invitándoles a pasar de creer en Dios a creerle a Dios.

Algo muy poderoso de todo este testimonio, es que María, antes de recibir el entrenamiento, no se atrevía a orar por nadie, porque no sabía como hacerlo, además de ser un poco tímida. Ahora todo espíritu de timidez ha desaparecido y es una mujer valiente que habla en público y comunica su experiencia personal de amor con el Creador del universo.

GRACIAS. HECHO ESTÁ.

71.
RENACIDA EN EL AMOR DE DIOS

En abril del 2020, tras haber permanecido por cerca de un mes en terapia intensiva por un fuerte episodio de azúcar alta (1000 en niveles de glucosa fue el registro que arrojó el análisis de glucosa practicado por el propio hospital)

Maribel Alemán es una de mis estudiantes que vive en el país de México, ella es un gran ser humano, una mujer llena de luz y bondad en su alma. Maribel fue enviada a su casa recibir el tratamiento médico allí, ya que corría riesgo por la amenaza de la entrada del COVID a los hospitales mexicanos.

El comportamiento de su glucosa no lograba mantener la estabilidad deseada, era algo muy peligroso, que amenazaba con una crisis grave de salud. La glucosa en su sangre fluctuaba entre 200 y 400 por las tardes. Esto mantenía en alerta al médico Flores que seguía muy de cerca su caso y, por supuesto a ella, quien no deseaba una recaída y mucho menos, volver a ingresar a un hospital con todos los riesgos sanitarios que la pandemia por COVID representaba para ella.

Una amiga en común me comentó del caso de Maribel. Yo había visitado recientemente la ciudad de México, lugar donde ella radica. Esta amiga le comentó sobre la práctica del método de sanación basado en la fe que mueve montañas.

Maribel, quien es católica de nacimiento, sabía del poder de la oración, la practicaba a su manera, sin embargo, cuando entró en contacto con Ascended Master Method®, su experiencia de fe, le abrió las puertas a un entendimiento superior de Dios.

Soy otra. Hay un antes y un después de haber conocido al padre Camilo y haber puesto en práctica Ascended Master Method® Así lo ha expresado Maribel en múltiples ocasiones.

Los días subsecuentes a mi salida del hospital fueron muy duros. La glucosa no lograba mantenerse en los niveles aceptables que el médico recomendaba y ya no era posible administrarme más insulina y otros medicamentos que sirvieran de apoyo para el páncreas, comentaba Maribel.

Además de la glucosa, las secuelas de ese episodio clínico habían dejado graves consecuencias en sus articulaciones de las manos y en su vista. Ella lo comparte así:

Disminuyó mi vista considerablemente, los dedos de mis manos y pies se habían endurecido, al grado que algunos dedos quedaban trabados. Resultaba muy doloroso forzar el movimiento de mis pies y manos, además de que una fuerte inflamación los acompañaba.

Pasadas algunas semanas, cuando se pudo lograr un encuentro con Maribel, lo primero que hice fue tranquilizarla y darle palabra de fe. La depresión por encontrarse en esas condiciones físicas la tenían en un franco desaliento. Me mostró sus manos y pies terriblemente inflamados. Sus dedos no lograban flexionarse del todo y algunos de ellos mostraban un constante temblor.

Iniciamos los pasos de Ascended Master Method®, reiterando desde el inicio lo que el método siempre señala: Tu trabajo es orar y tener FE, no sólo creer en Dios, sino también creerle a ÉL. Y si ÉL ha querido que hayas salido delante de un trance así como el que viviste, debes seguir creyéndole que hay un plan hermoso para ti. Cerramos los ojos y llevamos a cabo los pasos que mi método propone.

Ella permanecía sentada frente mí. De pronto reportó que un intenso calor entraba por su coronilla y se extendía en ella por sus extremidades. De pronto, alzó sus manos para mostrarme cómo, de manera inmediata, sus dedos podían flexionarse y el dolor había disminuido, al grado de ya casi no percibirse. Se puso de pie sin la asistencia de nadie y logró caminar unos pasos, sin esa forma casi robótica con la que se tenía que mover debido al dolor que antes experimentaba.

El llanto no se hizo esperar en Maribel. Estaba muy emocionada y agradecida. Nos despedimos con la promesa de mantenernos en contacto. Pasaron pocos días después de ese encuentro, cuando una mañana recibí la llamada inesperada de Maribel que me dice:

Padre Camilo, ¿recuerda usted que me dijo que mi trabajo era orar, pedir con FE, creer en Dios pero sobre todo, creerle a Dios?

Claro que sí. Respondí, y pensé, a todos se los digo, pues es el fundamente de Ascended Master Method®.

¿Recuerda también lo que me dijo después? ¿Que el trabajo de Dios es decir, cuándo, cómo y dónde se realizaría el milagro?

Por supuesto.

Bien, pues permítame compartirle: llevaba unas semanas sintiéndome muy mareada, así que por recomendación del doctor estuve monitoreado mi glucosa hasta 3 veces al día. Los niveles que marcaba el aparatito casero mostraban que podía bajar la insulina poco a poco.

Así lo hice, hasta que, de la nada, los niveles de glucosa oscilaron entre 92 y 98 ya con un mínimo de insulina y sin apoyo de otros medicamentos. El médico me recomendó un estudio más serio para confirmar el hecho, y efectivamente, el nivel de glucosa en mi sangre está marcado por el propio laboratorio como el de un NO DIABÉTICO.

¡Aquí está el cuándo, el cómo y el dónde del Creador del Universo! ¡Gloria a Dios!

Así pues, en Maribel, no sólo vimos realizarse un milagro en su propia persona, sino dos. Y, como ella misma sigue expresando, el milagro para recuperar al cien por ciento su vista está por llegar, porque el Señor sabe cuándo, cómo y dónde. Ella sigue practicando el método y haciendo su trabajo de creerle a ÉL.

Otro testimonio

Una vez que vio en ella misma activarse el poder de Dios por medio de la FE, quiso acercarse aún más a Ascended Master Method® y comenzó a aprenderlo. Poco a poco ha sido testigo de varias sanaciones físicas y emocionales, sin embargo, no deja de sorprendernos una en particular, la primera que experimentó ella como un medio, para que se realizara la sanación en una persona. Así me lo compartió:

-Linda es una chica mexicana que radica en Canadá hace ya varios años. Su problema de tiroides se le agudizó justamente con el proceso de emigración. La depresión, el duelo por haber tenido que dejar todo atrás y no saber cuándo volvería a ver a sus padres y hermanos alteró fuertemente su metabolismo. Ella pasaba de un hipotiroidismo agudo a un hipertiroidismo de un día a otro, lo que se conoce como disfunción tiroidea inducida por amiodarona o DTIA. El diagnostico de Linda alteró aún más su complicado proceso de adaptación a la nueva vida que comenzaba en Canadá, al grado de poner en riesgo su trabajo recién obtenido. Entró en contacto con Maribel y juntas realizaron los pasos del Ascended Master Method®. En cuestión de días, Linda manifestaba que el comportamiento de su tiroides comenzó a equilibrarse. Hoy día, clínicamente le han suspendido los tratamientos tan agresivos que debía llevar. Y, aunque sigue en observación, las alteraciones que antes tenía, ya no las ha experimentado.

GRACIAS. HECHO ESTÁ.

72.
LOS MILAGROS SUCEDEN POR LA FE EN JESÚS

Monica Blanco tiene su práctica de sanación con su madre y su hijo de 12 años en los Estados Unidos, cerca de Los Ángeles California. Ella ayuda a personas que necesitan sanación desde hace 10 años. Ella se dedica a las sanaciones de Fe, conectándose a la fuente de Luz de Dios y del Universo.

En su camino espiritual, buscando a alguien que le ayudara a expandir su práctica de Liberación y exorcismo me encontró en Facebook. Yo le sugerí tomar la clase de escuela Carismas y Liberación, ya que eso le ayudaría con su práctica espiritual.

Recuerdo que ha Monica le intrigaba aprender más de mis experiencias espirituales, sanaciones y exorcismos, ya que ella también hacia liberaciones con otro tipo procedimientos. Es clave recordar que todos tenemos el poder de sanar y liberar utilizando la energía creadora. No se necesitan dones especiales sino abrirnos al amor de Dios.

Monica comenzó a estudiar conmigo en la modalidad online con estudiantes de varios países, y al culminar los seminarios, empezó ha utilizar las herramientas que aprendió, contandome varios testimonios de lo que Dios estaba haciendo a través de ella.

En su experiencia personal, cuenta que una noche había energía de un espíritu en su casa, hizo una liberación, experimentó un calor en su cuerpo y sintió una sensación de paz y armonía, ahí se dio cuenta que le funciono igual o mejor que la sanación que ella practicaba. Empezó implementando estas sanaciones a su práctica profesional y comenzó a ver resultados inmediatos. Así como esta experiencia tuvo muchas que le ayudaron a ella y a su familia para pasar de creer en Dios a creerle a Dios.

Ella cuenta que en una ocasión estaba haciendo una sanación a una joven que estaba muy mal porque su familia, sus sobrinos y su papa les había diagnosticado con la enfermedad del Covid-19. Estaba mal porque el papa había perdido la fe y no quería vivir más. El no dormía ni comía de la ansiedad. Monica sugirió hacerle una sanación a distancia esa noche. El papa no sabía ni quería sanaciones. Cuando Monica empezó la sanación, la joven mando un mensaje de texto diciendo que el papa había empezado a vomitar y a sudar. Esa noche el padre durmió casi 12 horas y le regreso el apetito en los siguientes días. A la siguiente vez que la joven se comunicó con Monica, le dijo que la familia ya había sido sanada, se habían hecho el examen de Covid-19 y salió Negativo. El día de hoy la familia ya está sana y creyendole a Dios.

En otra sanación que tuvo Monica, da testimonio que atendió a una señora de nombre Lucrecia, dice que ella había perdido toda Fe en Dios, ya que había contraído Covid-19 en el trabajo y se encontraba muy mal de salud. El día de la sanación, Lucrecia le confirmó a Monica que pensaba que su familia moriría por culpa de ella, ya que 4 familiares tenían la infección, porque ella los había contagiado.

La señora estaba derrotada, se sentía sola, ansiosa, no dormía más de 2 horas cada noche ya que se sentía muy mal, porque pensaba que era culpable de que la enfermedad en su familia.

Recuerdo que Monica en ese momento empezó la sanación, dando palabra de Fe y decretando, que ya todos estaban sanos, que ella estaba sana en el nombre de nuestro señor Jesús y por la sangre de Jesús.

Lucrecia dice que sintió en ese momento un fuerte calor que subió por su cuerpo y su cabeza, sentía una sensación de paz en su corazón, era algo especial que nunca había experimentado en su vida, sabia que el Creador del Universo la estaba abrazando y amando; sabía que no estaba sola, que todo estaba resuelto, porque sintió como una nueva vibración invadió su alma y su cuerpo.

A la mañana siguiente Monica llamó a Lucrecia y esta le comentó que al fin había dormido 6 horas y que no había despertado con ansiedad. Se sentía más tranquila, en control de sus emociones y que su fe había regresado. A los días se hizo la prueba del Covid-19 y salió Negativa para ella y la familia. El virus del Covid, la culpa y la soledad habian retrocedido por la oración de fe hecha por mi estudiante.

En otra ocasión, Monica fue buscada por un hombre de nombre Carlos, que tenía a su hermano muy grave en el hospital en Los Ángeles, con fiebre muy alta igual que la presión arterial estaba fuera de control, su hermano tenía diabetes y otras complicaciones de salud graves, pero no entendían porque no se estabilizaba al menos.

Monica entró en oración de fe, preparó el altar, puso la foto del enfermo sobre la mesa, cerró sus ojos y comenzó a decretar y expusar la fiebre en el nombre de Jesús, por las llagas de Jesús, por la sangre de Jesús. Aquella tarde hizo una sanación a distancia. Era la primera ves que hacía este tipo de sanación y liberación a distancia con fotografías.

Al día siguiente Monica habló con Carlos y este le dijo que su hermano había reaccionado bien a la oración, pero que la presión le seguía fallando y que si continuaba así, los doctores iban a inducirlo en coma para que sus órganos se regeneraran solos. A la semana siguiente Monica realizó otra sanación a distancia y al día siguiente de este, la persona enferma falleció.

Aquí el gran y maravilloso milagro, fue que el enfermo se sintió amado por Jesús, en aquel tiempo había pedido a un sacerdote que le confesara, pues hace más de 30 años que no lo hacía. Aquel día comulgó según su propia fe y religión. Luego buscó a su familia y se despidió de ellos. Dios le dio la paz para prepararse y volver al Padre Creador del Universo.

A veces las sanaciones le ayudan a las personas a sentir paz y poder irse tranquilos, ya que no sólo son sanaciones físicas sino también las hay espirituales. Carlos le dio las gracias a Monica por haber hecho las oraciones, ya que le había ayudado a su hermano a irse en paz, reconciliandose consigo mismo y con su familia.

GRACIAS. HECHO ESTÁ.

DESPEDIDA

Vivimos en un mundo en donde existen muchas voces contradictorias y confusas, por un lado, están los que promueven que no existe Dios, llevando a muchas almas al racionalismo, al ateísmo radical, al materialismo y al secularismo, rechazando todo lo sobrenatural como asunto de fantasías.

Del otro, existe una creciente fascinación entre muchos por la espiritualidad, sin importar el nombre con que la persona se refiera o se comunique con Dios. Es interesante ver que cada día son más los hombres y mujeres que no pertenecen a una iglesia institucional, pero que creen y se relacionan con el Creador del Universo, ya sea mediante la meditación, la oración personal y comunitaria, o mediante retiros espirituales.

Por todo esto, mi querido lector, te digo con toda la certeza de la fe, que este es tu tiempo divino, este es tu momento divino, donde tienes la posibilidad de hacer historia en este universo. En este ambiente es urgente que tú aspires a los dones espirituales, que el Creador de todo lo que es, te da con amor incondicional.

Te invito mi querido lector, ahora que tu fe está activa, decidas y te entrenes en nuestros seminarios presenciales y online para desarrollar la ecuación milagrosa en tu propia vida. Ingresa a nuestra página:
www.ascendedmastermethod.com

Si decides ejercer **LA ORACIÓN + FE: MILAGROS**, aumentará en todo el universo la vibración del amor divino, logrando cautivar los corazones de las multitudes que están deseosas de experimentar un encuentro personal con el Dios vivo, que cambia la vida y da un impulso y un horizonte nuevo.

Para ti, un abrazo de luz y amor

ASCENDED MASTER METHOD®
Everything Is Possible
If You Believe